Bernd Gröne

Die Rolle von Middleware in einem Umfeld heterog.

Bernd Gröne

Die Rolle von Middleware in einem Umfeld heterogener Applikationen

Diplom.de

Bibliografische Information der Deutschen Nationalbibliothek:

Bibliografische Information der Deutschen Nationalbibliothek: Die Deutsche Bibliothek verzeichnet diese Publikation in der Deutschen Nationalbibliografie; detaillierte bibliografische Daten sind im Internet über http://dnb.d-nb.de/ abrufbar.

Copyright © 1998 Diplomica Verlag GmbH
Druck und Bindung: Books on Demand GmbH, Norderstedt Germany
ISBN: 978-3-8386-4908-5

http://www.diplom.de/e-book/220477/die-rolle-von-middleware-in-einem-umfeld-heterogener-applikationen

Bernd Gröne

Die Rolle von Middleware in einem Umfeld heterogener Applikationen

Diplomarbeit
an der FernUniversität - Gesamthochschule Hagen
Fachbereich Wirtschaftswissenschaften
Juli 1998 Abgabe

Diplom.de

Diplomica GmbH
Hermannstal 119k
22119 Hamburg

Fon: 040 / 655 99 20
Fax: 040 / 655 99 222

agentur@diplom.de
www.diplom.de

ID 4908
Gröne, Bernd: Die Rolle von Middleware in einem Umfeld heterogener Applikationen /
Bernd Gröne · Hamburg: Diplomica GmbH, 2002
Zugl.: Hagen, Universität · Gesamthochschule, Diplom, 1998

Diplomica GmbH
http://www.diplom.de, Hamburg 2002
Printed in Germany

Diplom.de

Wissensquellen gewinnbringend nutzen

Qualität, Praxisrelevanz und Aktualität zeichnen unsere Studien aus. Wir bieten Ihnen im Auftrag unserer Autorinnen und Autoren Wirtschafts- studien und wissenschaftliche Abschlussarbeiten – Dissertationen, Diplomarbeiten, Magisterarbeiten, Staatsexamensarbeiten und Studien- arbeiten zum Kauf. Sie wurden an deutschen Universitäten, Fachhoch- schulen, Akademien oder vergleichbaren Institutionen der Europäischen Union geschrieben. Der Notendurchschnitt liegt bei 1,5.

Wettbewerbsvorteile verschaffen – Vergleichen Sie den Preis unserer Studien mit den Honoraren externer Berater. Um dieses Wissen selbst zusammenzutragen, müssten Sie viel Zeit und Geld aufbringen.

http://www.diplom.de bietet Ihnen unser vollständiges Lieferprogramm mit mehreren tausend Studien im Internet. Neben dem Online-Katalog und der Online-Suchmaschine für Ihre Recherche steht Ihnen auch eine Online- Bestellfunktion zur Verfügung. Inhaltliche Zusammenfassungen und Inhaltsverzeichnisse zu jeder Studie sind im Internet einsehbar.

Individueller Service – Gerne senden wir Ihnen auch unseren Papier- katalog zu. Bitte fordern Sie Ihr individuelles Exemplar bei uns an. Für Fragen, Anregungen und individuelle Anfragen stehen wir Ihnen gerne zur Verfügung. Wir freuen uns auf eine gute Zusammenarbeit.

Ihr Team der Diplomarbeiten Agentur

Diplomica GmbH
Hermannstal 119k
22119 Hamburg

Fon: 040 / 655 99 20
Fax: 040 / 655 99 222

agentur@diplom.de
www.diplom.de

Inhaltsverzeichnis

Abkürzungsverzeichnis

ACID	Atomicity, Consistency, Integrity, Durability
API	Application Programming Interface
CMISE	Common Management Information Service Element
COM	Component Object Model (Microsoft)
DCE	Distributed Computing Environment (OSF)
DCOM	Distributed COM
DES	Data Encryption Standard
E-Mail	Electronic Mail
EDI	Electronic Data Interchange
EDIFACT	EDI for Administration, Commerce and Transport
HTML	Hypertext Markup Language
IDL	Interface Definition Language
ISO	International Standards Organization
MIT	Massachusetts Institute of Technology
MOM	Message-oriented Middleware
ODBC	Open Database Connectivity
OLE	Object Linking and Embedding
OMG	Object Management Group
ORB	Object Request Broker
OSF	Open Software Foundation
RPC	Remote Procedure Call
SQL	Structured Query Language
TCP/IP	Transmission Control Protocol/Internet Protocol
WFMS	Workflow-Management-System

1   Einleitung

1.1   Problemstellung

Während die betriebliche Datenverarbeitung in der Vergangenheit hauptsächlich Administrationsunterstützung für einzelne Funktionsbereiche wie z.b. das Rechnungswesen oder die Materialwirtschaft leistete, steht heute das Potential der Informationstechnologie zur Sicherung von Wettbewerbsvorteilen im Vordergrund.

Gesamtwirtschaftliche Rahmenbedingungen wie weltweiter Wettbewerb, hoher Kostendruck und kurze Innovationszyklen zwingen Unternehmen zur rationellen Gestaltung betrieblicher Abläufe. Die Möglichkeiten der modernen Informationstechnologien werden genutzt, um Produkte und Dienstleistungen in höchster Qualität, kundenindividuell und unter minimalem Zeitaufwand zur Verfügung zu stellen (vgl. BUCK-EMDEN und GALIMOW, 1996, S. 19). Hierbei sehen sich die Unternehmen mit einer Vielzahl von Schwierigkeiten konfrontiert. Ein Problem stellt hierbei die Struktur betrieblicher Informationssysteme dar.

Informationssysteme sind im allgemeinen durch eine Vielzahl heterogener Hard- und Softwarekomponenten gekennzeichnet. Die Überwindung der Heterogenität stellt eine Grundvoraussetzung dar, um die Integration sämtlicher Komponenten zu bewirken. Hierzu werden Middlewareprodukte eingesetzt, welche somit die erforderliche Infrastruktur bereitstellen.

Diese Arbeit bezweckt, die Funktionalität von Middleware explizit darzustellen und ihre Rolle in einem heterogenen Umfeld hervorzuheben. Darüber hinaus sollen anhand von Produktbeispielen aktuelle Entwicklungstendenzen der Middleware-Technologie deutlich werden.

1.2 Begriffsdefinitionen

Applikation	Anwendung bzw. Anwendungssystem (vgl. SCHMITT, 1993, S. 45)

Drag and Drop   Mausgesteuertes Verfahren zum Datenaustausch zwischen verschiedenen Anwendungen, Fenstern und Objekten (vgl. BUCK-EMDEN und GALIMOW, 1996, S. 100)

Gateway   System, das durch seine Mittlerfunktion die Verknüpfung zwischen mehreren Kommunikationsnetzen gestattet (vgl. MARTIN u. LEBEN, 1995, S. 338, so auch BAUKNECHT u. ZEHNDER, 1989, S. 243)

Stubs   Kommunikationsmodule spezieller Art, die je nach Implementierung automatisch oder manuell erstellt werden können (vgl. BUCK-EMDEN und GALIMOW, 1996, S. 68)

Trigger   Hierbei handelt es sich um komplexe, ereignisgesteuerte Prozeduren (vgl. RAUTENSTRAUCH, 1993, S. 173).

Verteilte Umgebung   Infrastruktur für die Entwicklung und den Betrieb verteilter Applikationen (vgl. RIEHM und VOGLER, 1996, S. 33).

2 Middleware – Grundlagen, Anforderungen, Einordnung

2.1 Zur Definition von Middleware

Der Begriff „Middleware" wird vielfach unterschiedlich definiert. Mit dem Ziel, über eine einheitliche Schnittstelle auf verteilte, heterogene Daten zugreifen zu können, entstand Middleware ursprünglich im Umfeld von Datenbanken als eine Softwareschicht zwischen Applikationen und Datenmanagementsystemen. Mit der wachsenden Verbreitung des Client/Server-Computing erweiterte sich der Funktionsumfang. Heute wird Middleware in einem breiteren Kontext als Verbindungsschicht zwischen den in einem Netzwerk verteilten Komponenten einer Client/Server-Applikation aufgefaßt (vgl. RIEHM und VOGLER, 1996, S. 27).

Die folgende Abbildung zeigt die Einordnung von Middleware als eine Softwareschicht zwischen den betrieblichen Applikationen und der Systemsoftware. Die Systemsoftware beinhaltet hierbei die Betriebssysteme sowie Software zum Datenaustausch über Rechnernetze (vgl. ELBERT und MARTYNA, 1994, S. 13).

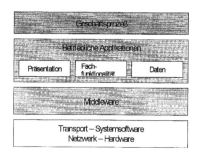

Abbildung 1 Middleware als Softwareschicht

(vgl. RIEHM und VOGLER, 1996, S. 27)

Middleware wird innerhalb des ISO/OSI-Referenzmodells für die Entwicklung standardisierter Netzwerkprotokolle den Ebenen 5-7 zugeordnet (vgl. ELBERT und MARTYNA, 1994, S. 188).

2.2 Gründe für den Einsatz von Middleware

In den vergangenen Jahren ist ein wirtschaftlicher Strukturwandel zu beobachten. Einflußfaktoren hierfür sind strategische Herausforderungen an Unternehmen, bedingt durch

- Globalisierungstendenzen, verbunden mit dem Vordringen internationaler Wettbewerber

- anspruchsvollere Kunden, die neben dem Preis auch Eigenschaften wie Qualität, Flexibilität und Zuverlässigkeit beurteilen

- die Beschleunigung von Innovationsprozessen, welche Chancen für neue Geschäfte eröffnet, zugleich jedoch eine Bedrohung bestehender Kompetenzen bedeutet

- im Entstehen neuer Infrastrukturen für (elektronischen) Handel und Logistik

(vgl. KLEIN, 1995, S. 9, so auch PICOT, 1996, S. 2ff.)

Untersuchungen lassen einen Trend zu kleineren Unternehmen mit sinkenden Mitarbeiterzahlen erkennen. Vielfach findet eine Aufspaltung in kleinere, rechtlich selbständige Einheiten (Profit Centers) statt, andere Unternehmen lagern bestimmte Funktionsbereiche wie z.B. Logistik oder Teilbereiche der Informationsverarbeitung aus. Im Gegenzug sind zahlreiche Formen wirtschaftlicher Kooperation zu verzeichnen. Kennzeichen hierfür sind

- ein hohes Maß an zwischenbetrieblicher, regionaler oder internationaler Arbeitsteilung,
- steigende Anteile an fremdbezogenen Produkten und Dienstleistungen,
- Kooperationen sogar mit konkurrierenden Unternehmen.

(vgl. KLEIN, 1995, S. 11 und ÖSTERLE, 1996, S. 4 ff.)

Die signifikante Veränderung von Unternehmensstrukturen spiegelt sich auf der Ebene des Informationssystems im vermehrten Einsatz der Client/Server-Technologie wieder (vgl. FRANCETT, 1996, S. 71).

Client/Server-Systeme ermöglichen die Optimierung des Rechnereinsatzes, indem Applikationskomponenten wie Bildschirmpräsentation, Programmlogik und Datenzugriffe getrennt auf unterschiedlichen Rechnern im Netzwerk verarbeitet werden können. Der Client übernimmt hierbei Prozesse, die sich relativ schnell bewältigen lassen, wie Bildschirmpräsentation und Programmlogik. Ein Server verarbeitet jene, die eine größere Leistungsfähigkeit voraussetzen. Damit beide miteinander kommunizieren können, ist eine Middleware erforderlich, die den Datenaustausch zwischen Client und Server übernimmt. Hierdurch sollen bessere Zugriffsmöglichkeiten, eine größere Flexibilität sowie schnellere Antwortzeiten gewährleistet werden (vgl. MURER, 1996, S. 182 ff.).

Systemarchitekturen in Unternehmen sind im allgemeinen durch eine Vielzahl heterogener Komponenten gekennzeichnet. Dies betrifft sowohl die Hardware- als auch die Softwareseite. Unterschiedlich dimensionierte Rechner (PC, Workstations, Großrechner usw.) arbeiten mit verschiedenen Betriebssystemen und stützten sich auf unterschiedliche Netzwerk-architekturen. Die Heterogenität bedeutet eine erhöhte Komplexität von Entwurf, Implementierung, Nutzung und Wartung. Als Konsequenz hieraus wird die Forderung nach weitgehender Unabhängigkeit der Software von den darunter befindlichen Hardware/Software-Konfigurationen erhoben (vgl. GEIHS, 1993, S. 14).

Die geschilderten Probleme veranlassen Großunternehmungen, Druck auf einzelne Software-Anbieter auszuüben, damit diese ihnen die notwendigen Werkzeuge zu deren Überwindung liefern. Im technologischen Sinne bedeutet das die Unterstützung von standardisierten Programmierschnittstellen und Protokollen. Als Lösungsmöglichkeit offerieren die Anbieter verteilte Systemdienste, welche die erwähnten Schnittstellen und Protokolle beinhalten. Solche Dienste heißen Middlewaredienste, weil sie in der Mitte zwischen Betriebssystem und Netzwerk-Software und den Applikationen liegen (vgl. BERNSTEIN, 1996, S. 86 ff.).

Auch die Entwickler von Applikationen haben mit den durch Heterogenität und Verteilung verursachten Schwierigkeiten zu kämpfen. Sie sind daran interessiert, daß ihre Anwendungen nur von standardisierten Programmierschnittstellen abhängen und somit auf den am meisten verbreiteten Systemen lauffähig. Hierauf reagieren die Anbieter, indem sie geeignete Entwicklungswerkzeuge in Form von Middlewareprodukten zur Verfügung stellen.

Der Einsatz von Middleware ermöglicht die Unabhängigkeit von Tools auf Desktop und Server. Entwickler können somit für jede Aufgabe die geeignetste Sprache und das beste Werkzeug einsetzen. Als Konsequenz hieraus läßt sich die Entwicklungszeit deutlich reduzieren, was eine Steigerung der Entwicklungsproduktivität bedeutet (vgl. HOROBIN und ANNUSCHEIT, 1996, S. 71).

Ferner sollen Middleware-Lösungen zu Skalierbarkeit und leichter Bedienbarkeit in heterogenen Systemen beitragen. Sie stimmen mit den Architekturzielen überein, wenn es um die Entflechtung von Firmen und gutdefinierte Schnittstellen geht. Eine bessere Wiederverwendbarkeit von Programmen, geringere Wartungskosten und bessere Teamarbeit bei Entwicklungsaufgaben sind die Folge. Darüber hinaus wirkt sich die Übertragung von Funktionen und Daten von Legacy-Systemen auf neue Technologien weniger stark aus (vgl. HOROBIN und ANNUSCHEIT, 1996, S. 69).

Der Bedarf nach Zugriff auf heterogene Datenquellen, vor allem nach mainframe-basierten Daten, ist groß, weil sie eine wichtige Ressource darstellen. Der Trend zum vermehrten Einsatz von Client/Server-Systemen bedeutet nicht, daß die Großrechner im Verschwinden begriffen sind, vielmehr übernehmen sie Funktionen als Datenserver (vgl. GUTERL, 1995, S. 35). Durch geeignete Kommunikationssoftware läßt sich ein unternehmensweiter Zugriff realisieren.

Unter dem Aspekt der Wirtschaftlichkeit betrachtet, führt der Einsatz von Middleware zu erheblichen Kostenersparnissen.

Im einzelnen sind folgende Vorteile festzustellen:

- Reduzierung der Entwicklungszeit von Anwendungen um 25-50 %
- Reduzierung der Entwicklungskosten um 50 %
- Geringere Software-Wartungskosten
- Verringerung der Fehlerrate bei Applikationen
- Verbesserung der Applikationsinteroperabilität

(vgl. TOIGO, 1997, S. 104)

2.3 Anforderungen an Middleware

Als hauptsächliche Anforderung an Middleware ist die Realisierung von Transparenz zu nennen (vgl. RIEHM und VOGLER, 1996, S. 28). Transparenz zielt darauf ab, die Anwendungssysteme gegenüber einer komplexen, heterogenen Systemwelt abzuschirmen. Sie beinhaltet u.a. das Verbergen von Implementierungsdetails, d.h. bei der Integration von neuen Systemen und Ressourcen sollten auftretende Abweichungen von Systemarchitekturen und -parametern für den Anwender nicht sichtbar sein, sowie die Verteilungstransparenz (vgl. LINNHOFF-POPIEN u.a., 1996, S. 9).

Verteilungstransparenz bedeutet eine Reduktion von Komplexität in verteilten Systemen, indem interne Vorgänge dem Betrachter durch bestimmte Transparenzfunktionen verborgen bleiben. Die Verteilungsinfrastruktur bietet demjenigen Transparenz an, der die Kenntnis interner Abläufe zur Erfüllung seiner Aufgaben nicht benötigt. Die Realisierung von Transparenz bedeutet letztlich eine Effizienzsteigerung, was sowohl für Entwickler als auch für Benutzer verteilter Systeme gilt (vgl. GEIHS, 1995, S. 28).

Beispiele einzelner Transparenzfunktionen:

- Ortstransparenz

  Verbirgt die physische Lokation, z. B. einer Datei
- Zugriffstransparenz

  Läßt keinen Unterschied erkennen, ob auf lokale oder entfernte Objekte zugegriffen wird
- Fehlertransparenz

  Verbirgt das Auftreten von Fehlern und die Fehlerbehebungsmechanismen
- Transaktionstransparenz

  Betrifft Mechanismen zur Sicherstellung von Transaktionseigenschaften
- Migrationstransparenz

  Indem die Heterogenität von Systemkomponenten verborgen bleibt, wird auch die Auslagerung von Funktionen und Anwendungen auf andere Systemkomponenten ermöglicht.
- Ressourcentransparenz

  Verbirgt die Zuweisung konkreter Ressourcen zu Anwendungsprozessen
  (vgl. LINNHOFF-POPIEN, 1996, S. 9 ff.)

Neben diese zentrale Anforderung an Middleware treten eine Reihe anderer. Im einzelnen sind zu nennen:

- Sicherstellen von Kommunikationsmöglichkeiten zwischen Applikationen

  Insbesondere soll Middleware die zahlreichen Barrieren zwischen den Systemen überwinden helfen sowie Ausfälle und Fehler einzelner Teilsysteme beheben.
- Unterstützung einer einheitlichen Benutzeroberfläche
- Gewährleistung der globalen Systemsicherheit
- Unterstützung der Systemkonfiguration und der Ressourceneinsatzplanung
- Regelung einer flexiblen Adressierung von Applikationen und Benutzern

  (vgl. ÖSTERLE, 1996, S. 18)

Eine besondere Bedeutung nimmt hierbei die Überbrückung der Heterogenität zwischen Systemen bzw. Systemkomponenten ein. Dabei kann man eine Einteilung nach folgenden Arten vornehmen:

- Ausrüstungsheterogenität

  Resultiert aus der Verwendung von Komponenten unterschiedlicher Hersteller oder ist durch die Entwicklung neuer Technologien bedingt
- Betriebssystemheterogenität

  Verwendung unterschiedlicher Versionen von Betriebssystemtypen
- Rechenheterogenität

  Betrifft die Nutzung verschiedener Programmiersprachen, Datenbanksysteme u.a. Software
- Heterogenität der Autoritäten

  Resultiert aus unterschiedlichen Zuständigkeitsregelungen miteinander kooperierender Systemkomponenten
- Anwendungsheterogenität

  Tritt auf, wenn separate Anwendungen zusammenarbeiten müssen, um eine bestimmte Aufgabe erfüllen zu können

  (vgl. LINNHOFF-POPIEN, 1996, S. 11)

Indem Middleware bestimmte Funktionen zur Überwindung der Heterogenität zur Verfügung stellt, bewirkt sie die Integration sämtlicher Komponenten.

2.4 Die Einordnung von Middleware

Die Einordnung von Middleware bereitet gewisse Schwierigkeiten, da entsprechende Produkte in kaum überschaubarer Vielfalt mit unterschiedlicher Funktionalität auf dem Markt erhältlich sind. Im folgenden werden unterschiedliche Dimensionen und gängige Kategorien vorgestellt, die sich für diesen Zweck eignen.

2.4.1 Auftretensformen

Für die Einordnung von Middleware bietet sich ein mehrdimensionaler Erklärungsansatz an. Es handelt sich hierbei um die folgenden Dimensionen:

- Middleware als eigenständige Produktkategorie gegenüber Middleware als Komponente anderer Software

- Auf eine Dienstgruppe spezialisierte Middleware gegenüber integrierten Mengen von Middlewarediensten

(vgl. RIEHM und VOGLER, 1996, S. 32)

Spezialisierte Middleware stellt Dienste aus einer spezifischen Dienstgruppe zur Verfügung, eine integrierte Menge hingegen liefert gebündelte, aufeinander abgestimmte Dienste. Die unterschiedlichen Erscheinungsformen haben ihre Ursache in der zeitgeschichtlichen Entwicklung. Während in früheren Jahren Middleware nahezu ausschließlich in Form von Kommunikationssoftware auftrat, geht der Trend in jüngster Zeit verstärkt dahin, Produkte auf den Markt zu bringen, die integrierte Dienste verschiedenster Funktionalität beinhalten (vgl. RYMER, 1996, S. 68). Darüber hinaus gibt es Bestrebungen unterschiedlicher Gruppen, für Middlewareprodukte bestimmte Standards zu etablieren.

Integrierte Mengen von Middleware bilden die Grundlage für das Konzept verteilter Umgebungen (vgl. Abschnitt 4.1).

2.4.2 Kategorien von Middleware

Für die Einteilung von Middleware in verschiedene Klassen existieren unterschiedliche Ansätze. So basiert die Einordnung von FREEMAN auf fünf verschiedenen Kategorien. Im einzelnen sind dies:

- Datenbankmiddleware
- Remote Procedure Calls (RPC)
- Transaktionsmonitore (TP Monitors)
- Object Request Brokers (ORB)
- Message-oriented Middleware (MOM)

(vgl. FREEMAN. 1996, S. 120)

Eine Reihe von Middlewareprodukten lassen sich jedoch nicht ausschließlich in eine dieser Kategorien einordnen, manche passen in mindestens zwei oder gar drei (vgl. MELEWSKI, 1997, S. 58).

GEIHS (1995, S. 31 ff.) nimmt folgende Einteilung vor:

- Basisdienste (Namen, Verzeichnis, Zeit, Sicherheit, Management)
- Message Passing
- PC-Netzbetriebssysteme
- RPC-Plattformen
- Entfernter Datenbankzugriff
- Verteilte Objektsysteme

SCHREIBER (1995, S. 43) unterscheidet sieben Kategorien:

- Präsentationsdienste (Benutzerschnittstelle, Druck, Multimedia)
- Datenmanagementdienste (Dateien, Archive, DBMS)

- Applikationskooperationsdienste (E-mail, Workflow, EDI, Transaktionsmonitore)
- Objektmanagement
- Kommunikationsdienste (Messaging, RPC, Message Queuing)
- Distributionsdienste (Ort, Zeit, Sicherheit)
- Verteilte Applikationsdienste

Daß bei dem Versuch einer Kategorisierung der Thematik „Middleware" zwangsläufig unterschiedliche Perspektiven in unterschiedlichen Ansätzen münden, dürfte nicht überraschen. Doch zumindest in Teilbereichen ist eine Übereinstimmung zu verzeichnen. Die weiteren Ausführungen stützen sich auf eine Betrachtungsweise, welche die Unterscheidung von drei Ebenen einer Applikation als Ausgangspunkt hat.

Die drei Ebenen bestehen aus

- Präsentation
    - physische Präsentation
    - Präsentationsmanagement

- Applikationsfunktionalität
    - Präsentationsfunktionalität
    - Fachfunktionalität
    - Datenzugriffsfunktionalität

- Daten
    - Datenmanagement
    - physische Datenhaltung

(vgl. RIEHM und VOGLER, 1996, S. 29)

Aus der Einteilung in drei Ebenen ergeben sich unterschiedliche Ansatzpunkte der Integration von Applikationen.

Die folgende Abbildung soll dies veranschaulichen:

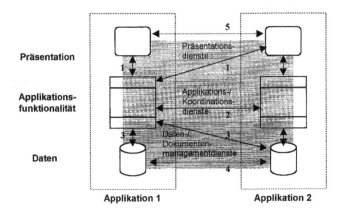

Abbildung 2 Integration und Middlewaredienste

(vgl. RIEHM und VOGLER, 1996, S. 29)

Die Realisierung der Integration vollzieht sich aus Sicht der Applikationsfunktionalität durch den Zugriff auf die entsprechende Schnittstellen derselben oder einer anderen Applikation. Hierbei lassen sich drei verschiedene Gruppen von Integrationsmechanismen unterscheiden:

- Präsentationsdienste,

- Applikations-/ Koordinationsdienste und

- Daten- /Dokumentenmanagementdienste.

Diese Gruppen können wiederum auf elementaren Kommunikationsmechanismen aufsetzen (vgl. RIEHM und VOGLER, 1996, S. 30).

3 Spezifische Middlewaredienste

3.1 Präsentationsdienste

Präsentationsdienste übernehmen Unterstützungsfunktionen beim Zusammenwirken zwischen der Funktionalitätsebene und Präsentationsebene von Applikationen. Diese Funktionen betreffen

- die Darstellung von Informationen und
- die Interaktion mit dem Benutzer

(vgl. RIEHM und VOGLER, 1996, S. 46).

Zu den Präsentationsdiensten gehören

- Masken- und Graphikverarbeitung
- Druckerverwaltung
- Hypermediaverbindungen
- Multimediaaufbereitung

(vgl. TRESCH, 1996, S. 250)

Eine wichtige Präsentationsform ist die Benutzeroberfläche auf einem Bildschirm.

3.1.1 Bildschirmpräsentation

Präsentationszugriff

Graphische Benutzerschnittstellen in Form moderner Desktopoberflächen gehören heute zu den Standards. Viele Altsysteme greifen jedoch noch immer über einen Terminalserver auf einfache, zeichenbasierte Terminals zu. Ein Terminalserver nimmt Anfragen der Terminals entgegen und übermittelt sie an den Hostrechner.

Die Entwicklung von Terminalservern in heterogenen verteilten Systemen ist von Bedeutung, da hier eine Vielzahl von Terminals mit unterschiedlichen Rechnern, die unterschiedliche Kommunikationsprotokolle unterstützen, verbunden werden müssen. Das wichtigste Entwurfskriterium für Terminalserver stellt die Performance dar. Darüber hinaus sind Flexibilität und Protokollschnittstellen zu berücksichtigen (vgl. UMAR, 1993, S. 256 ff.).

Durch Dienste zum Präsentationszugriff werden Applikationen von heterogenen Präsentationsprodukten (z.b. Windows) und Systemen abgeschirmt, was die Realisierung von Transparenz bedeutet. Es entfällt somit für Anwendungsentwickler die Notwendigkeit, sich um unterschiedliche Fenstersysteme oder Netzwerke kümmern zu müssen.

Eine spezielle Variante der Präsentationszugriffsdienste sind Terminaldienste. Sie greifen auf den Terminaldatenstrom zu oder kommunizieren mit einem Terminalemulator. Screen Scraper realisieren auf diese Weise den Zugriff auf zeichenorientierte Bildschirme und somit die Präsentationsschnittstelle von Altapplikationen. Diese Dienste haben eine große Bedeutung für das Reengineering von Benutzeroberflächen, indem zeichenorientierte Bildschirme durch graphikorientierte Oberflächen ersetzt werden. Ferner spielen sie eine wichtige Rolle für die Integration, da andere Applikationen auf die Benutzerschnittstelle der Altapplikationen zugreifen können. Die Kommunikation mit der Altapplikation geschieht mittels Simulation eines Benutzerdialogs, da keine anderen geeigneten   Schnittstellen zur Verfügung stehen (vgl. RIEHM und VOGLER, 1996, S. 47).

Verteilte Präsentation

Die verteilte Präsentation beinhaltet die Darstellung verschiedener im Netz verteilter Applikationen als Fenster auf einem Bildschirm. Der Benutzer kann somit auf lokale und entfernte Applikationen gleichzeitig zugreifen.

Anwendungen, die Daten graphisch auf dem Bildschirm ausgeben wollen, rufen in den meisten Systemen bestimmte Bibliotheks- oder Systemsoftwarefunktionen auf. Erst nach Erledigung der Aufgabe geben diese die Ablaufkontrolle wieder an die jeweilige Anwendung zurück. Durch spezielle Benutzerschnittstellen-Server wird eine stärkere Trennung von Anwendungslogik und graphischer Bildschirmausgabe erreicht. Produktbeispiel hierfür ist das X- Window-System (vgl. BUCK-EMDEN und GALIMOW, 1996, S. 91ff.).

Das X-Window-System, entwickelt 1984 am Massachusetts Institute of Technology, erfüllt die von der Non-Profit-Organisation X-Open definierten Spezifikationen für offene Systeme (vgl. ELBERT und MARTYNA, 1994, S. 213 ff).

In einem X-Window-System übernimmt eine spezielle Anwendung, der X-Server, die Aufgabe der Bibliotheks- oder Systemsoftwarefunktionen. Dieser besitzt die vollständige Kontrolle über den Bildschirm und wird daher auch als screen manager bezeichnet (vgl. UMAR, 1993, S. 258).

Eine Anwendung, der X-Client, sendet bei einem Ausgabewunsch eine diesbezügliche Nachricht an den X-Server. Die Kommunikation zwischen beiden erfolgt asynchron, d.h. der X-Client muß nicht auf die Erledigung des Auftrags durch den X-Server warten, sondern erhält sofort wieder die Ablaufkontrolle über sein Programm. Der X-Server kann auf eine Nachricht mit einer eigenen Nachricht antworten, ist jedoch hierzu nicht gezwungen. Die Menge aller möglichen Nachrichten zwischen X-Client und X-Server wird in einem X-Protokoll definiert. Ein X-Server kann gleichzeitig für mehrere X-Clients Aufgaben übernehmen (vgl. BUCK-EMDEN und GALIMOW, 1996, S. 92).

Die Programmierschnittstelle wird durch die in der X-Bibliothek niedergelegten Funktionsaufrufe definiert. Der Benutzer kann so auf einem Bildschirm mit mehreren Anwendungen gleichzeitig arbeiten und auch Daten zwischen den Anwendungen austauschen Die physische Lokation der Anwendungen bleibt ihm verborgen (vgl. GEIHS, 1995, S. 12).

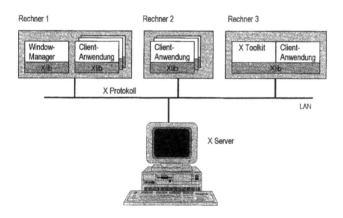

Abbildung 3 X-Window-Umgebung (vgl. BUCK-EMDEN und GALIMOW,

1996, S. 92)

Da es sich bei X-Windows um ein ereignisgesteuertes System handelt, reagieren X-Clients auf eine Nachricht, die sie vom X-Server erhalten. Hierin liegt der Unterschied im Vergleich zu prozeduralen Lösungen, bei denen die Anwendung den Benutzern ein Interaktionsschema vorgibt. (vgl. BUCK-EMDEN und GALIMOW, 1996, S. 92 ff.).

3.1.2 Weitere Präsentationsdienste

Druckdienste stellen ebenfalls wichtige Präsentationsdienste dar. Sie erleichtern die Verwaltung von Druckaufträgen und des Drucksubsytems für verteilte Druck-Server von Benutzern und Applikationen. Dabei unterstützen sie Industriestandard- und/oder proprietäre Datenströme (vgl. SCHREIBER, 1995, S. 45).

Hypermedia-Systeme sind in der Lage, neben textlichen Informationen auch multimediale Dokumente speichern, verknüpfen und darstellen zu können (vgl. BUCK-EMDEN und GALIMOW, 1996, S. 91).

Multimediadienste schließlich erlauben die Darstellung, Manipulation, Kontrolle sowie die Wiederherstellung von verteilten Graphik-, Audio-, Video- und Animationsdaten (vgl. SCHREIBER, 1995, S. 45). Die Realisierung von Multmedia-Anwendungen erfordert bestimmte technische Voraussetzungen. Leistungsfähige Rechner, neuartige Massenspeicher und Breitbandübertragungsnetze ermöglichen dies heute. Ein Anwendungsgebiet der Multimedia-Technologie sind z.b. elektronische Verkaufs- und Informationsstände (vgl. BUCK-EMDEN und GALIMOW, 1996, S. 93 ff.).

3.2   Datenmanagementdienste

Zu den Aufgaben des Datenmanagements gehört u.a. die Koordination der Datenverteilung und des Datenaustausches sowie die Optimierung von Datenbankzugriffen. (vgl. MEIER, 1994, S. 460). Datenmanagementdienste ermöglichen den Applikationen den Zugriff auf Datenbanken und Dateien (vgl. SCHREIBER, 1995, S. 43). Sie können sowohl als eigenständiges Produkt oder auch als Komponente eines Datenbank-Managementsystems realisiert sein. Ihre Bedeutung für die Integration besteht darin, daß sie

- Zugriffsmöglichkeiten auf Daten anderer Applikationen und

- Techniken zur Konsistenzerhaltung von redundanten Datenbeständen

zur Verfügung stellen.

Datenmanagementdienste entstammen dem Umfeld von Client/Server-Datenbankkonfigurationen. Kennzeichnend ist die Trennung von Applikationslogik und Datenbankmanagement. Der Client enthält die Applikation. Ihre Komponenten bestehen aus

- Präsentations-,
- Funktionalitäts- und
- Datenzugriffslogik.

Der Datenbankserver enthält die Datenbank und die Datenbanksoftware, welche den Zugriff durchführt. Client und Server sind in der Regel auf getrennten Maschinen installiert und durch ein Netzwerk verbunden. Die einzelnen Applikationskomponenten können auf einen oder mehrere Rechner verteilt sein. Zur Durchführung einer Anfrage kommuniziert die Applikation über eine Schnittstelle (API) mit dem Datenbankmanagementsystem mit Hilfe einer Datenzugriffssprache, gewöhnlich SQL (Structured Query Language). Die Schnittstelle regelt die Art und Weise, in der Anfragen durch die Applikation an die Datenbank abgesetzt werden (vgl. RIEHM und VOGLER, 1996, S. 50).

Zu den Datenmanagementdiensten gehören

- Datenzugriffsdienste und

- Datenverteilungsdienste.

Datenzugriffsdienste sollen über eine einheitliche Schnittstelle einen transparenten Zugriff auf heterogene, vernetzte Datenbanken ermöglichen. Sie sorgen für die Integration mit anderen Applikationen, indem sie den Zugriff auf deren Daten realisieren. Datenverteilungsdienste hingegen sollen Datenaustauschbeziehungen herstellen. Hierdurch wird die Aufrechterhaltung von Konsistenz in redundanten Datenbeständen bezweckt.

Im nächsten Abschnitt werden verschiedene Verfahren des Datenzugriffs dargestellt, anschließend wird die Datenverteilung näher betrachtet. Zum Schluß des Kapitels über Datenmanagementdienste werden zwei in der Praxis gebräuchliche Arten diesbezüglicher Middleware erläutert, nämlich SQL-Middleware und Data Warehousing-Middleware.

3.2.1 Verfahren des Datenzugriffs

Die wichtigsten Verfahren zur Realisierung des Datenzugriffs in heterogenen Architekturen sind

- gemeinsame Schnittstelle
- gemeinsames Protokoll und
- gemeinsames Gateway.

(vgl. MARTIN und LEBEN, 1995, S. 119 ff.)

Jedes dieser Verfahren zeichnet sich durch bestimmte Vorzüge und Schwächen aus, wenn man Kriterien wie Performance oder Offenheit als Maßstab nimmt. In der Praxis ist eine Kombination dieser Arten gebräuchlich (vgl. HACKATHORN und SCHLACK, 1994, S. 53).

Gemeinsame Schnittstelle

Das erste Verfahren basiert auf einer standardisierten Schnittstelle. Die Client-Applikation greift über diese Schnittstelle (API) unter Nutzung von SQl-Statements auf heterogene Daten-Server zu. Da die Möglichkeit besteht, daß die Datenserver eine andere Schnittstelle unterstützen, wird zur Realisierung ein Treiber benötigt, welcher die Befehle von der standardisierten Schnittstelle auf die jeweilige Serverschnittstelle umsetzt. Der Treiber verarbeitet die Aufrufe und wickelt den Austausch mit der Datenbank ab. Gegebenenfalls nimmt er SQL-Syntaxkonversionen vor. Er befindet sich entweder auf Client- oder auf Serverseite (Vgl. RIEHM und VOGLER, 1996, S. 53).

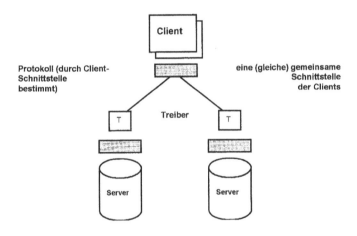

Abbildung 4 Datenzugriff über eine gemeinsame Schnittstelle

(vgl. RIEHM und VOGLER, 1996, S. 53)

Wichtige Schnittstellen sind SQL CLI (Call Level Interface) sowie ODBC der Firma Microsoft, eine besonders häufig anzutreffende Schnittstelle für den einheitlichen Zugriff auf unterschiedliche Datenbanken in Netzen auf Grundlage der CLI-Vorschläge (vgl. LAMERSDORF, 1994, S. 174).

Gemeinsames Protokoll

Ein weiteres Verfahren zur Realisierung des Datenzugriffs stellt die Verwendung eines standardisierten Datenzugriffsprotokolls dar. Das gemeinsame Protokoll kann verschiedene Schnittstellen (API) zulassen, sofern diese mit dem Protokollstandard übereinstimmen (vgl. MARTIN und LEBEN, 1995, S.124). Datenzugriffsprotokolle regeln Inhalt und Bedeutung der zwischen Client und Server ausgetauschten Informationen (vgl. SINGLETON und SCHWARZ, 1994, S. 309). Sie haben folgende Funktionen:

- Aufbau und Beendigung der Kommunikation
- Darstellung der auszutauschenden Daten
- Bereitstellung eines Befehlssatzes zur
  Nutzung der Protokolldienste
- Bereitstellung einer SQL-Datenzugriffsschnittstelle

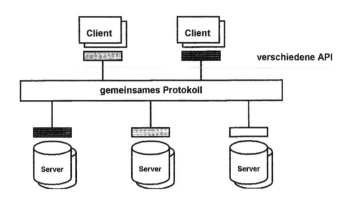

Abbildung 5 Datenzugriff über ein gemeinsames Protokoll

(vgl. RIEHM und VOGLER, 1996, S. 54)

Der Vorteil der Verwendung eines gemeinsamen Protokolls liegt darin, daß verschiedene Softwareentwickler unabhängig voneinander an Softwarebausteinen arbeiten können, solange sie die Anforderungen des standardisierten Protokolls erfüllen (vgl. MARTIN und LEBEN, 1995, S. 125).

Gemeinsames Gateway

Ein Gateway übernimmt gegenüber der Client-Applikation und dem Datenbankserver die Rolle des jeweiligen Gegenparts. Ein Zugriff auf heterogene Datenquellen ist bei diesem Verfahren möglich, ohne daß der Client sämtliche Schnittstellen der Server implementieren muß. Datenbankgateways können stark variieren, wobei die Unterschiede sich in Form zusätzlicher Funktionen, wie z.B. SQL-Syntaxkonversionen, Datenkonversionen usw. äußern.

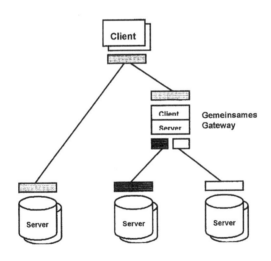

Abbildung 6 Datenzugriff über ein gemeinsames Gateway
(vgl. RIEHM und VOGLER, 1996, S. 55)

3.2.2 Datenverteilungsverfahren

Eine bewußte redundante Datenverteilung erfordert Koordinationsmaßnahmen zum Datenabgleich durch den Austausch von Daten. Durch die Replikation von Daten soll eine Optimierung der Datenverfügbarkeit, eine höhere Systemzuverlässigkeit sowie eine verbesserte Performance erreicht werden (vgl. TANENBAUM, 1995, S. 317). Aufgabe eines Replikationsservers ist es, durch einen Datenaustausch für den Gleichlauf der verschiedenen Versionen zu sorgen. Der Replikationsmechanismus ist Bestandteil eines Datenbankmanagementsystems. Er kann synchron oder asynchron angelegt sein. Im ersten Fall erfolgt die Änderung im Replikat quasi in Echtzeit. Bei der asynchronen Variante sind Änderung und Abgleich in zwei verschiedenen Prozessen realisiert, so daß auch ein späterer Abgleich möglich ist. Viele Produkte gestatten hierbei die Spezifikation von Zeitpunkten für den Datenaustausch.

Ein wichtiges Unterscheidungsmerkmal bei Datenverteilungsverfahren ist ebenfalls das Verhältnis von Original und Replik.

- Master/Slave- Prinzip

   Änderungen erfolgen nur im Original und werden an die Kopien weitergereicht.

- Peer-to-Peer-Prinzip

   Hierbei sind Änderungen auch in der Replik erlaubt.

Das letzte Prinzip kann jedoch zu Konflikten führen (vgl. RIEHM und VOGLER, 1996, S. 57).

3.2.3 SQL-Middleware

SQL (Structured Query Language) gilt als die am meisten verbreitete Sprache für den Datenzugriff in relationalen Datenbanksystemen (vgl. SINGLETON und SCHWARZ, 1994, S. 304). Für den Zugriff auf Datenbanksysteme unterschiedlicher Hersteller in verteilten Client/Server-Umgebungen erweist sich die Vielzahl der eingesetzten SQL-Dialekte jedoch als Hindernis. Darüber hinaus treten Unterschiede in Form der verwendeten Netzwerkprotokolle und Hardwareplattformen auf. Eine Methode zur Überbrückung heterogener Umgebungen stellt die Verwendung von SQL-Middleware dar. Hierbei werden vor allem folgende Arten eingesetzt:

- SQL-Treiber,
- SQL-Gateway-Server,
- Offene SQL-Server.

(vgl. TRESCH, 1996, S. 251)

SQL-Treiber

Sie bieten eine Programmierschnittstelle für Datenbankzugriffe an, deren Aufrufe je nach darunterliegendem Datenbanksystem vom diesbezüglichen Treiber übersetzt und ausgeführt werden. SQL-Treiber befinden sich auf der Client-Seite, d.h. entweder liegt eine statische Bindung zum Client-Programm vor, oder sie werden vom Client über eine dynamische Schnittstelle aufgerufen. Diese Art stellt die einfachste Form des Zugriffs auf heterogene Datenbanksysteme dar.

SQL-Gateway-Server

Die Kommunikation mit dem Client erfolgt über eine unveränderte SQL-Schnittstelle (z.B. EDA/SQL). Der SQL-Gateway-Server erscheint für den Client als normaler Datenbank-Server. Im Unterschied hierzu verwaltet er jedoch keine Daten, sondern übersetzt die SQL-Anfrage in ein Datenbanksystem eines bestimmten Herstellers. Die Gateway-Funktion ist für den Client transparent. Im Unterschied zu der ersten Variante laufen SQL-Gateway-Server in einem eigenen Prozeß.

Offene SQL-Server

Sie erlauben zusätzlich eine für den Client transparente Erweiterung des Servers durch benutzerspezifische Programme. Diese Technologie bietet durch das Dazwischenschalten von Software Möglichkeiten der Protokollierung von Änderungsoperationen oder der Koordination von Transaktionen.

3.2.4 Data Warehousing-Middleware

Vielfach sehen sich Entscheider in Unternehmen mit Datenmengen konfrontiert, die sich nicht mehr bewältigen lassen. Als Konsequenz hieraus besteht die Gefahr, daß ein gefühlsbetontes Entscheidungsverhalten mit allen Risiken zunimmt. Ein Data Warehouse allein bietet zwar keine Lösung dieses Problems, stellt jedoch die Datenbasis für die Werkzeuge zur Datenanalyse, die Managementinformationssysteme (MIS) zur Verfügung (vgl. HANNIG, 1996, S. 42).

Ein Data Warehouse soll die Unterstützung von Auskunftsanwendungen, die komplexe betriebswirtschaftliche Analysen, Prognosen und Datenkonsolidierungen ausführen, gewährleisten. Hierzu gehört die schnelle Bearbeitung mehrdimensionaler Anfragen, eine einfache Abfragesprache, die Unterstützung beliebiger Sichten sowie die Bereitstellung spezieller Auswertungsfunktionen (vgl. BUCK-EMDEN und GALIMOW, 1996, S. 87).

Die Vorgehensweise beim Data Warehousing besteht darin, daß Daten aus unterschiedlichen Informationsquellen in einer vorverarbeiteten Form physisch in das Data Warehouse kopiert werden . Diese Kopien bezeichnet man als Snapshots (vgl. TRESCH, 1996, S. 253).

Snapshots stellen eine Variante verteilter Transaktionen dar. Den Ausgangspunkt bildet ein verteiltes System, in dem Kopien von Relationen auf verschiedenen Netzknoten gehalten werden. Schreiboperationen können jedoch nur auf einer sogenannten „Mastercopy", welche den aktuellen Status der jeweiligen Relation repräsentiert, vorgenommen werden. Die übrigen Kopien stehen lediglich für Lesezwecke zeitweise zur Verfügung. Nach der Durchführung von Schreiboperationen auf Datensätzen der Mastercopy müssen aktuelle Kopien (Snapshots) dieser Datensätze an die anderen Netzknoten verteilt werden (vgl. RAUTENSTRAUCH, 1993, S. 161 ff.)

Clients richten ihre Anfragen nicht an die Informationsquellen, sondern benutzen die Middleware, die ihnen ausgewählte Informationen bereitstellt. Der Datenbestand kann in der Regel von ihnen nicht geändert werden, er wird nur auf den neuesten Stand gebracht, wenn eine Änderung der Basisinformationsquellen erfolgt.

Data Warehousing bietet den Vorteil, daß Anfragen und Analysen durch komprimierte Informationen schneller verarbeitet werden können. Darüber hinaus müssen Anfragen nicht in Realzeit transformiert und weitergeleitet werden. Dies ist insbesondere in folgenden Fällen von Bedeutung:

- Datenquellen sind nicht ständig verfügbar.
  Viele Informationen sind aus bestimmten Gründen nicht ständig online verfügbar. Data Warehousing sorgt dafür, daß Anfragen in einem bestimmten Zeitlimit beantwortet werden.

- Es handelt sich um sehr große, rasch wachsende Datenquellen.
  Insbesondere durch automatisch gesammelte Daten kann der Informationsbestand so rasch anwachsen, daß Echtzeitanfragen nicht mehr gestellt werden können. Mittels Data Warehousing kann ein Datenausschnitt zwecks Auswertungen extrahiert werden (vgl. TRESCH, 1996, S. 253).

Aufgrund der physischen Datenkopien in das Warehouse muß die Middleware über beträchtliche Sekundärspeicherkapazität verfügen. Darüber hinaus besteht durch das Kopieren die Gefahr, daß es zu Inkonsistenzen mit den Informationsquellen kommt. Die zentrale Frage ist, wie Daten im Warehouse als Folge von Änderungen in den Informationsquellen nachgeführt werden können.

Jede Veränderung des Datenbestandes wird von Monitoren registriert und gegebenenfalls an den Integrator weitergeleitet. Die Implementierung der Monitore hängt von den Möglichkeiten ab, die die Informationsquellen bieten, um Änderungen (Updates) festzustellen:

- Bei einem Datenbanksystem können Update-Triggermechanismen definiert werden, die Veränderungen an den Monitor melden.

- Besteht diese Möglichkeit nicht, kann der Monitor z.B. das Update Log File des Datenbanksystems inspizieren.

- Für den Fall, daß eine Quelle über keine dieser Datenbankfunktionalitäten verfügt, müssen Applikationen, die Änderungen herbeiführen, so modifiziert werden, daß sie bei Updates Meldungen an den Monitor senden.

- Sind Veränderungen der Anwendungen unerwünscht, bleibt nur noch die Möglichkeit eines Hilfsprogrammes, das in bestimmten Abständen einen Snapshot der gesamten Daten erstellt und mit früheren Snapshots vergleicht.

Integratoren übernehmen die Daten von den Monitoren und speichern sie im Warehouse. Die Datenintegration besteht in der Selektion relevanter Informationen, deren Transformation in das gemeinsame Datenmodell sowie der Integration dieser Daten, was eine komplexe Aufgabe darstellt, da nicht das ganze Warehouse neu erstellt werden soll, sondern nur die jeweiligen Änderungen inkrementell einzuarbeiten sind (vgl. TRESCH, 1996, S.254).

Aufgrund des möglichen raschen Anwachsens der Datenbestände – nach Angaben der Gartner Group in den ersten beiden Jahren des Warehousing um 100% - erhält die Skalierbarkeit einen besonderen Stellenwert (vgl. HARMS, 1996, S. 38).

3.3   Dokumentenmanagementdienste

Beim Einsatz von Dokumentenmanagementdiensten steht die Einbindung in organisatorische Abläufe im Vordergrund. Hierfür sind entsprechende Schnittstellen zu anderen Programmen von großer Bedeutung (vgl. WENZEL, 1996, S. 65).

Dokumentenmanagementdienste bezwecken

- eine effiziente, datenbankgestützte Ablage,

- Verwaltung und Bereitstellung von Dokumenten.

Sie stehen in enger Verbindung zu Archivierungs-, Workflow-Management-, und Groupware-Systemen, wodurch zum Teil bereits die Anforderungen an Dokumentenmanagementsysteme abgedeckt werden.

Middleware hat in diesem Zusammenhang die Aufgabe, das Zusammenwirken und die Konsistenz zwischen Anwendungen und verschiedenen Dokumentenmanagementsystemen zu gewährleisten. Sie gestattet den Anwendungen den einheitlichen Zugriff auf die jeweiligen Dokumenten-Repositories. Die Hersteller- und Anwendervereinigung DMA (Document Management Alliance) ist ein wichtiges Gremium für die Standardisierung von Schnittstellen. DMA-Middleware gestattet den Zugriff auf verschiedenste Ablagesysteme. Neben den DMA-schnittstellenkompatiblen Dokumentenmanagementsystemen können dies z.B. auch File-Systeme sein (vgl. RIEHM und VOGLER, 1996, S. 60)

Daß Dokumentenmanagementsysteme im Vergleich zu WFMS eine eher untergeordnete Rolle einnehmen, läßt sich anhand der Umsatzzahlen begründen. Nach Angaben der Delphi Consulting Group lag der weltweite Umsatz von DMS 1996 bei 341 Mill. $, während WFMS 933 Mill. $ erreichten (vgl. Computerworld, Vol. 31, Nr. 33, 1997, S. 59).

3.4 Applikations- und Koordinationsdienste

Die Koordination des Zusammenwirkens von Applikationen kann in Form eines Nachrichtenaustausches erfolgen, was im nächsten Abschnitt erläutert wird. Eine andere Verfahrensweise stellt der Einsatz von Workflow-Management-Systemen dar, wobei hier die Koordination durch Steuerung von Aktivitäten im Mittelpunkt steht.

3.4.1 Koordinierter Nachrichtenaustausch

Die Kommunikation zwischen Applikationen kann durch den Austausch von strukturierten oder unstrukturierten Informationen erfolgen. Für den unstrukturierten Informationsaustausch sind E-Mailsysteme gebräuchlich (engl.: electronic mail). E-Mailsysteme übernehmen die nicht-interaktive Übertragung von Text, Daten und Graphiken über ein Netzwerk. Nachrichten werden durch fortlaufende Weitergabe und Zwischenspeicherung bis zum Speicher des Adressaten weitergeleitet. Aus diesem Speicher kann der Empfänger die Nachricht abrufen. E-Mailsysteme können auch zur Kommunikation zwischen Anwendungen untereinander sowie zwischen Anwendungen und Benutzern genutzt werden, vorausgesetzt, eine Applikation verfügt über einen Zugang zu den erforderlichen Übertragungsmechanismen. Im „store and forward" Modus gelangen Nachrichten in einer zeitkritischen, sicheren Übertragung auch über Weitverkehrsnetze hinweg zum Adressaten (vgl. RIEHM und VOGLER, 1996, S. 83).

Ein weiterer Bereich, in dem das Messaging eine wichtige Rolle spielt, ist der elektronische Datenaustausch von Geschäftsdokumenten (EDI - Electronic Data Interchange). Hierbei werden Nachrichten in einem standardisierten Format für EDI-Anwendungen transportiert. Es kann sich z.B. um eine EDIFACT-Nachricht handeln. EDIFACT (Electronic Data Interchange For Administration, Commerce and Transport) ist ein von den Vereinten Nationen geschaffenes Regelwerk für den elektronischen Datenaustausch in Handel, Verwaltung und Transport. EDIFACT soll international und branchenübergreifend einsetzbar sein und dabei sämtliche in Frage kommenden Nachrichten abdecken (vgl. NEUBURGER, 1994, S. 83). Dokumente können in Form von EDIFACT-Übertragungsdateien an Geschäftspartner übermittelt werden. Eine Übertragungsdatei kann hierbei Nachrichtengruppen (mehrere Nachrichten desselben Typs) oder Nachrichten unterschiedlichen Typs enthalten (vgl. ÖSTERLE, 1995, S. 256).

Im Gegensatz zu E-Mailsystemen, die lediglich ein Hilfsmittel bei der Koordination von Benutzeraktivitäten darstellen, sollen Systeme, die dem koordinierten Austausch von Nachrichten zwischen Applikationen dienen, Koordinationsmechanismen in eigenständiger Weise umsetzen. Sie dienen der Verwaltung von Schnittstellen und der Steuerung des Informationsflusses. Zu den Funktionen gehören

- Konversionen
- die Generierung von Nachrichten
- die Ermittlung von Empfängern einer Nachricht
- die Steuerung des Nachrichtenaustauschs nach Regeln und Zeitplänen
- die Weitergabe und effektive Nutzung von Kommunikationsdiensten
- Administrationsfunktionen, vor allem zur Konfiguration, Überwachung und Aufzeichnung des Nachrichtenaustauschs.

Regeln können nach dem Ereigniskonzept spezifiziert sein. Als Ereignisse gelten z.B. Zeitpunkte oder das Eintreffen einer bestimmten Nachricht. Es erfolgt eine Überprüfung durch den Koordinationsdienst daraufhin, ob zum jeweiligen Ereignis Regeln existieren. Gegebenenfalls führt er daraufhin die festgelegten Folgeaktivitäten aus, wie z.B. die Generierung neuer Nachrichten (vgl. RIEHM und VOGLER, 1996, S. 66).

Koordinationsdienste sind Gegenstand von Standardisierungskonzepten der OMG und nah mit Workflow-Management-Systemen verwandt.

3.4.2 Workflow-Management-Systeme

Workflow-Management-Systeme, auch Vorgangsbearbeitungssysteme genannt, werden vielfach als Middleware-Technologie eingestuft (vgl. JABLONSKI, 1995, S.13).

Ein Workflow-Management-System (WFMS) ist ein rechnergestütztes System zur Steuerung von Arbeitsflüssen zwischen den beteiligten Stellen (Organisationseinheiten, Personen, Applikationen) nach den Vorgaben der Ablaufspezifikation. Das WFMS definiert und managt Workflows. Ferner stellt es Informationen und Applikationen für die Ausführung von Aktivitäten zur Verfügung (vgl. VOGLER, 1996, S. 348).

Der Einsatz von WFMS erfordert eine Gesamtbetrachtung der Arbeitsabläufe in einem Unternehmen. Sie sollten daher erst nach dem Reengineering der Aufbau- und Ablauforganisation installiert werden (vgl. JABLONSKI, 1995, S. 13). In der betrieblichen Praxis ist diese Vorgehensweise jedoch nicht immer möglich (vgl. MANHART, 1996, S. 109). Die Optimierung und Flexibilisierung von Geschäftsvorgängen ist zur Erhaltung der Wettbewerbsfähigkeit erforderlich. Organisatorische Strukturen in Unternehmen sind als Konsequenz hieraus einem Anpassungsprozeß unterworfen, was man unter den Begriff Business Process Reengineering einordnet. Geschäftsvorgänge umfassen hierbei nicht nur Prozesse, sondern auch Personen, die Prozesse ausführen, Daten, die hierin verarbeitet werden sowie Applikationen, welche in den Prozessen benutzt werden. Die Modellierung von Geschäftsvorgängen bildet den Ausgangspunkt für die Prozeßausführung. Auf WFMS bezogen bedeutet dies die Transformation von Geschäftsvorgängen in Workflows. Da die gesamte Aufbau- und Ablauforganisation betroffen ist, muß mit einer dementsprechend großen Anzahl von Workflows gerechnet werden (vgl. JABLONSKI, 1995, S. 14).

Ein WFMS steuert den Ablauf von Aktivitäten. Voraussetzung dafür, daß eine Steuerung erfolgen kann, ist eine hochgradige Standardisierung des Ablaufs. Dies ist jedoch nur dann sinnvoll, wenn der betreffende Prozeß häufig in gleicher Art und Weise ausgeführt wird und die Informationsverarbeitung gut strukturierbar und formalisierbar ist, da sich die Umsetzung von Geschäftsvorgängen in Workflows sehr aufwendig gestaltet (vgl. DERUNGS, 1996, S. 139). Die Verbindung der einzelnen Arbeitsschritte geschieht durch die Desktop-Integration. Sie verbindet diejenigen Applikationen, welche für die Ausführung einer Aktivität relevant sind, am Arbeitsplatz bzw. Desktop des Benutzers. Nach Ablauf einer Aktivität bestimmt das System die Folgeaktivität und leitet automatisch die Workflowinstanz an die zugehörige Stelle weiter. Das Eingreifen des Benutzers ist in der Regel nicht erforderlich (vgl. VOGLER, 1996, S. 347).

Kriterien für Workflows:

- Ein Prozess besteht aus mehreren Sequenzen, die möglichst unabhängig voneinander ausgeführt werden müssen und einen in sich geschlossenen Teilprozess bilden

- Für jede Sequenz muß eine Entscheidung darüber erfolgen, ob sich die Workflow-Implementierung lohnt. Als Kriterien hierfür kommen z.B. Transaktionsvolumen, Strukturierungsgrad, Grad der Standardisierung, Potential/Nutzen einer Implementierung Sowie die strategische Bedeutung in Frage.

- Komplexe Verbindungen und Abläufe von Aktivitäten führen zur Unübersichtlichkeit. Es sollte eine Beschränkung auf einzelne Varianten erfolgen, was zur Fehlervermeidung beiträgt und die Umsetzung erleichtert (vgl. DERUNGS, 1996, S. 139).

WFMS erfüllen folgende Aufgaben:

- Spezifikation/Definition von Workflowtypen
  Die Geschäftsprozesse sind detailliert zu beschreiben. Hierdurch entstehen Workflowtypen. Sie definieren den Arbeits- und Informationsfluß, die beteiligten Stellen (Organisationseinheiten, Personen oder Applikationen) und die benötigten Ressourcen (Informationen, Dokumente etc.).

- Steuerung von Workflowinstanzen
  Workflowinstanzen verfügen gegenüber einem Workflowtyp zusätzlich über die spezifischen, fallbezogenen Vorgangsdaten. Im Falle eines Kreditantrages z.B. sind dies die Höhe der Kreditsumme, personenbezogene Daten des Kreditnehmers usw. Die Steuerung solcher Instanzen umfaßt das Weiterleiten an die entsprechenden Stellen, das Ressourcenmanagement und die Behandlung von Ausnahmesituationen.

- Protokollierung der Arbeitsausführung
  WFM bedeutet ebenfalls die Protokollierung aller Aktivitäten während der Laufzeit eines Workflows. Somit sind jederzeit Informationen über den aktuellen Status einer Workflow-Instanz möglich.

- Integration des Informationssystems

Während einer Prozeßabwicklung sind unterschiedliche Applikationen beteiligt. Ein Workflow muß diese Applikationen im Rahmen einer Aktivität integrieren, soll eine durchgängige Prozeßentwicklung erfolgen (vgl. VOGLER, 1996, S. 346).

Nachteile bei Workflow-Management-Systemen ergeben sich aus folgenden Merkmalen:

- erheblicher Aufwand für die Integration von Applikationen,
- unflexible Änderungsfunktionen für bereits existierende Workflowtypen,
- mangelndes Zusammenspiel mehrerer Workflowserver
  (vgl. VOGLER, 1996, S. 354 ff.)

Problematisch ist ebenfalls die Behandlung von Systemfehlern. Eine zuverlässige Abwicklung auch von zeitintensiven Geschäftsprozessen erfordert ein WFMS, das den Prozeß nach der Unterbrechung durch einen Systemfehler an der richtigen Stelle wieder aufnehmen und korrekt zu Ende führen kann (vgl. WÄCHTER, 1996, S. 3 ff.).

3.5 Kommunikationsdienste

Diese Art von Diensten bildet die wesentliche Grundlage für eine Kommunikation zwischen verteilten Programmen und damit zwischen Rechnerprozessen (vgl. RIEHM und VOGLER, 1996, S. 69). Ausprägungen in Form des Nachrichtenaustausches oder des entfernten Prozeduraufrufes werden im einzelnen erläutert.

3.5.1 Synchrone und asynchrone Kommunikationsformen

Prozesse in verteilten Systemen ohne gemeinsamen Speicherbereich kommunizieren durch Nachrichtenaustausch. Zur Steuerung der verschiedenen Prozeßaktivitäten bedarf es der Koordination. Ein Mechanismus hierfür ist die Synchronisation. Hierunter versteht man die Koordination der Kooperation und Konkurrenz zwischen Prozessen (vgl. HERRTWICH und HOMMEL, 1989, S. 26). Grundsätzlich unterscheidet man synchrone und asynchrone Kommunikationsformen.

Im Fall des synchronen Nachrichtenaustausches ist der Sender blockiert, bis der Empfänger die Nachricht entgegengenommen hat. Bei der asynchronen Variante kann er seine Verarbeitung jedoch nach dem Absenden unverzüglich fortsetzen. Der Empfänger braucht zum Sendezeitpunkt nicht verfügbar zu sein; er kann die eingegangene Nachricht auch später bearbeiten (vgl. DOLGICER, 1994, S. 78).

3.5.2 Kommunikation durch Nachrichtenaustausch

Als Nachrichten bezeichnet man Dateneinheiten, die Prozesse an andere Prozesse übergeben. Folglich wird eine auf der Übergabe basierende Kommunikation als Nachrichtenaustausch (message passing) definiert. Ein Nachrichtenaustausch beruht auf dem Senden und Empfangen von Nachrichten, wozu ein gemeinsamer Kommunikationskanal dient. Da eine Nachricht erst empfangen werden kann, wenn sie gesendet wurde, besteht zwischen dem Senden und Empfangen implizit eine Sequentialitätsbeziehung (vgl. HERRTWICH und HOMMEL, 1989, S. 273).

Kommunikation durch Austausch von Nachrichten eignet sich sowohl für die Umsetzung von Interaktionen nach dem Client/Server- als auch nach dem Peer-to-Peer-Modell. Bei einer Auftraggeber/Auftragnehmer-Beziehung muß ein Programmierer das Versenden und den Empfang von zwei Nachrichten kontrollieren. Das synchrone Kommunikationsverhalten z.B. eines RPC bedeutet dabei zwei Austauschvorgänge: eine Anfragenachricht und eine Antwortnachricht. Eine asynchrone Kommunikationsbeziehung bietet den Vorteil größerer Flexibilität: Auftraggeber und Auftragnehmer sind nicht mehr fest aneinander gekoppelt (vgl. DOLGICER, 1994, S. 78).

Message Queuing

Message Queuing stellt eine Variante des asynchronen Nachrichtenaustausches dar. Das Grundprinzip hierbei ist relativ simpel: Eine Anwendung, die mit einer anderen kommunizieren möchte, setzt ihre Nachrichten in einer Warteschlange ab. Die zweite Anwendung entnimmt sie der Warteschlange (siehe hierzu Abb. 7).

Die Flexibilität des Message Queuing liegt darin, daß der Sender sich nicht mehr um den Empfang der Nachricht kümmern muß, er plaziert seine Nachrichten in der Warteschlange und ist nicht an die Aktivität des Empfängers gebunden (vgl. MARTIN und LEBEN, 1995, S. 107).

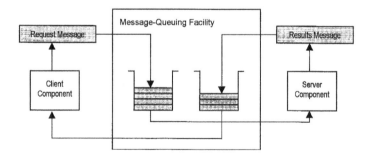

Abbildung 7 Ablauf des Message Queuing (vgl. MARTIN und LEBEN, 1995, S. 107)

Die Verwaltung der Warteschlangen übernehmen bestimmte Programme, die auch als Queue Manager bezeichnet werden. Sie müssen folgende Anforderungen erfüllen:

- Handhabung großer Datenmengen
- Synchronisation konkurrierender Zugriffe
- Gewährleistung von Transaktionssicherheit
- Administration

Man unterscheidet folgende Arten des Message Queuing:

- Nicht-Persistentes Message Queuing

  In Ausfallsituationen gehen die Nachrichten in der Warteschlange verloren und müssen anschließend neu kreiert werden.
- Persistentes Message Queuing

  Hierbei bleiben Nachrichten bei einem Systemausfall erhalten.
- Transaktionales Message Queuing

  Hierbei „überleben" Nachrichten ebenfalls auftretende Ausfallsituationen. Im Unterschied zur letzten Variante erhält die Warteschlange Kenntnis vom jeweiligen Zustand der Nachricht, falls ein Programm oder ein Prozess nicht ordnungsgemäß beendet wird.

(vgl. DOLGICER, 1994, S. 78)

3.5.3 Gruppenkommunikation

Bisher wurde unterstellt, daß die Kommunikation zwischen zwei Partnern, dem Client und einem Server stattfindet. Hierbei handelt es sich um eine Punkt-zu-Punkt-Kommunikation. Aus bestimmten Gründen kann es jedoch erforderlich sein, daß ein Client eine Nachricht an sämtliche Server senden kann, damit sichergestellt ist, daß eine Anfrage auch ausgeführt wird, selbst wenn einer der Server ausgefallen ist. Dies kann im Rahmen der Gruppenkommunikation erfolgen.

Eine Gruppe ist eine Menge von Prozessen, die auf eine vom System oder vom Benutzer definierte Art und Weise zusammenwirken. Merkmal aller Gruppen ist, daß eine gesendete Nachricht von allen Mitgliedern der jeweiligen Gruppe empfangen wird. Es handelt sich um eine Eins-zu-viele-Kommunikation (vgl. TANENBAUM, 1995, S. 543).

Implementationsformen der Gruppenkommunikation hängen in starkem Maße von der jeweiligen Hardware ab. In bestimmten Netzwerken besteht die Möglichkeit, eine spezielle Netzwerkadresse zu erzeugen, die von mehreren Rechnern abgehört werden kann. Die Übertragung einer Nachricht erfolgt automatisch an alle Rechner, welche diese Adresse abhören. Diese Variante bezeichnet man als Multicasting. Die Implementierung der Gruppenkommunikation mit Hilfe des Multicasting geschieht dadurch, daß jede Gruppe eine andere Multicast-Adresse erhält. Im Gegenzug hierzu wird beim Broadcasting eine Nachricht an alle Prozesse, auch Nicht-Gruppenmitglieder gesendet. Jeder Prozeß überprüft dann anhand einer gegebenen Adresse, ob die Nachricht für ihn bestimmt ist.

Als weitere Möglichkeit existiert das Unicasting. Hierbei sendet der Client einzelne Nachrichten an jedes Gruppenmitglied in Form einer Punkt-zu-Punkt-Übertragung. Dieses Verfahren kann genutzt werden, falls weder Multicasting noch Broadcasting zur Verfügung stehen, ist jedoch wenig effizient (vgl. TANENBAUM, 1995, S. 544).

Gruppenkommunikation ist in Form des „Push and Subscribe"-Konzeptes möglich. Programme, die hierin involviert sind, fungieren entweder als „Abonnenten" oder als „Herausgeber" von Ereignissen. Was als Ereignis gilt, hängt von den Vorgaben des Geschäftsprozesses ab, der von den Applikationen umgesetzt werden muß. Ein Ereignis entsteht als Folge einer Transaktion, was in der Regel mit der Änderung von Daten verbunden ist. Als typische Beispiele für Ereignisse sind die Unterschreitung des Soll-Lagerbestands in einem Industrieunternehmen oder die Überschreitung des Kreditlimits eines Girokontos bei einer Bank. Gemeinsames Kennzeichen solcher Ereignisse ist, daß die betroffene Applikation sofort reagieren soll (vgl. RIEHM und VOGLER, 1996, S. 81).

3.5.4 Entfernter Prozeduraufruf (RPC)

Der RPC ist ein Mechanismus zur Programmierung verteilter Anwendungsprogramme auf der Basis verteilter Systeme. In einfacher Form handelt es sich um den Fernaufruf einer Prozedur durch einen Auftraggeber (Client) bei einem Auftragnehmer (Server) auf einem anderen Rechner. Hierbei ist die Übergabe von Eingabe- und Ausgabeparametern wie bei einem lokalen Prozeduraufruf möglich (vgl. MÜHLHÄUSER und SCHILL, 1993, S. 71). In der Regel verhält sich ein RPC synchron, d.h. analog zum lokalen Prozeduraufruf ist der Auftraggeber so lange blockiert, bis die Antwort vom Auftragnehmer eintrifft. Vereinzelt gibt es Ansätze für asynchrone RPC, z.b. durch die Verwendung von Steuerflüssen innerhalb eines Prozesses, die sogenannten Threads. Als Threads werden logisch eigenständige Aktivitäten in einem Prozeß bezeichnet. Sie teilen sich einen gemeinsamen Adreßraum und können infolgedessen auch über den gemeinsamen Speicher miteinander kommunizieren. Somit entfällt zeitaufwendiges Kopieren, und die Umschaltung zwischen Threads ist viel flexibler als bei schwergewichtigen Prozessen. Threads ermöglichen dem Client, mehrere RPC-Aufrufe gleichzeitig abzusetzen, dem Server erlauben sie die gleichzeitige Entgegennahme mehrerer Aufrufe. Ein Thread nimmt die Aufrufe entgegen und beauftragt dann einen speziell hierfür geschaffenen Thread mit der Abarbeitung des Auftrags. Hierdurch kann ein unproduktiver Stillstand beim Warten auf die Ein-/Ausgabe eines Auftrags vermieden werden (vgl. GEIHS, 1995, S. 55 ff.).

Der grundsätzliche Ablauf eines RPC vollzieht sich folgendermaßen:

Der Auftraggeber sendet eine Nachricht unter Angabe der aufzurufenden Prozedur und der notwendigen Parameter, der Auftragnehmer sendet nach Verarbeitung eine Nachricht mit den Rückgabewerten zurück. Um nun einen Aufruf mitsamt den Parametern im Netz übertragen zu können, muß eine geeignete Kodierung erfolgen, bei der die entsprechenden Daten transformiert werden. Diese Aufgabe übernimmt die Stub-Komponente des Client (vgl. hierzu Abb. 8). Die notwendige Beschreibungsinformation gewinnt sie aus der Spezifikation der Prozedurschnittstelle. Die Dekodierung auf Serverseite erfolgt durch dessen Stub-Komponente. Die Übermittlung der Ergebnisse nach Abarbeitung des Aufrufs vollzieht sich in analoger Form (vgl. MÜHLHÄUSER und SCHILL, 1993, S. 74).

38

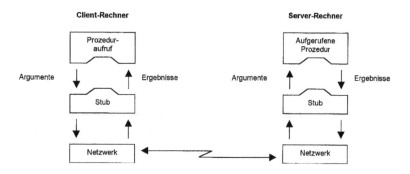

Abbildung 8 Genereller Ablauf eines RPC (vgl. BUCK-EMDEN und GALIMOW, 1996, S. 68)

RPC-Systeme sind für die Übergabe großer Datenmengen schlecht geeignet (vgl. RIEHM und VOGLER, 1996, S. 77). Probleme kann ebenfalls die Verlagerung des Standortes des Auftragnehmers verursachen. Dies erfordert Anpassungen im Auftraggeberprogramm sowie in den Stubs. Das Konzept des dynamischen Bindens vermeidet das. Es funktioniert nach dem Prinzip, daß ein „Binder" während der Laufzeit zu einer Schnittstellenbezeichnung die notwendigen Angaben zum Aufbau einer Kommunikation ermittelt. Der Binder benutzt hierfür ein Verzeichnis, welches auch die Versionsverwaltung der Schnittstellen unterstützt. Bei der Verwendung eines RPC muß mit auftretenden Fehlern gerechnet werden. Hierzu zählen Ausfälle von Auftraggeber bzw. Auftragnehmer sowie der Verlust von Nachrichten während der Übertragung. Zu entscheiden ist, wie lange der Auftraggeber auf die Antwort warten soll. Eine erneute Anfrage nach langer Wartezeit könnte eine unerwünschte Doppelausführung eines Auftrages bedeuten. Deshalb muß der Anwender eines RPC definitiv wissen, wie sich das Protokoll im Fehlerfall verhält (vgl. TANENBAUM, 1995, S. 76 ff).

Systementwickler müssen entscheiden, ob ein allgemeines Standardprotokoll oder ein Protokoll verwendet werden soll, das speziell für RPC-Anwendungen entworfen wurde. Hierbei ist zu berücksichtigen, daß für RPC-Protokolle bislang keinerlei Standards existieren. Die Entscheidung für ein RPC-Protokoll bedeutet in der Praxis vielfach, selbst eines entwerfen zu müssen (vgl. TANENBAUM, 1995, S. 528).

Ein RPC-System ist der Kern des DCE und bildet die Grundlage für einen Object Request Broker (vgl. GEIHS, 1995, S. 53). Er eignet sich vor allem für synchrone Auftraggber/Auftragnehmer-Beziehungen mit zwei Beteiligten, einem eher geringen Datenaustauschvolumen und kurzen Verarbeitungszeiten.

3.6 Verteilungsdienste

Unter dem Begriff „Verteilungsdienste" werden Dienste mit übergreifendem Charakter in einem verteilten System verstanden. Im einzelnen handelt es sich um Funktionalitäten zur Unterstützung des Systemmanagements, der Sicherheit, der Namenverwaltung sowie zur Sicherstellung der Transaktionseigenschaft (vgl. RIEHM und VOGLER, 1996, S. 37). An anderer Stelle werden diese Dienste auch als Basisdienste bzw. verteilte Basisdienste bezeichnet (vgl. HEGERING, 1995, S. 276 ff.).

3.6.1 Systemmanagement

Eine kritische Anforderung in verteilten Systemen stellt die Gewährleistung der Einsatzbereitschaft von Systemressourcen dar (vgl. BAUER et al., 1994, S. 416). Das Systemmanagement hat die Aufgabe, dies zu ermöglichen und darüber hinaus den Benutzern eine Reihe von Diensten zur Verfügung zu stellen.

Im Bereich von Managementdiensten lassen sich allgemein eine funktionale, eine zeitliche sowie eine Dimension der Szenarien unterscheiden (vgl. HEGERING und ABECK, 1993, S. 87). Teilbereiche der funktionalen Dimension des Systemmanagements sind

- Konfigurationsmanagement
  Betrifft die Anordnung und Beziehung von Ressourcen
- Fehlermanagement
  Ziel ist, die Verfügbarkeit des Systems zu garantieren
- Leistungsmanagement
  Soll eine stetige Verbesserung der Systemperformance erreichen
- Abrechnungsmanagement
  Stellt Verfahren zur Kostenberechnung von geleisteten Diensten bereit
- Sicherheitsmanagement
  Anwendung von Konzepten zur Zugriffsbeschränkung auf Systemressourcen

Durch Managementdienste stehen dem Systemadministrator eine Reihe von Diensten zur Verfügung, die der Verwaltung von Zielobjekten dienen. Die Interaktion erfolgt indirekt über

Agenten, welche auf die Zielobjekte zugreifen können. Der Ablauf der Kommunikation ist durch ein entsprechendes Protokoll geregelt (vgl. GEIHS, 1995, S. 40).

Wichtigste Standards im Bereich Systemmanagement sind CMISE, ein Protokoll der Anwendungsebene des ISO/ OSI-Modells sowie auf der Seite des TCP/IP das SNMP.

3.6.2 Sicherheit

In verteilten Systemen greifen Benutzer auf gemeinsame Ressourcen zu. Hiermit verbunden sind Fragen nach dem Schutz des Zugriffs und der Sicherheit des Systems. Middlewaredienste zur Sicherheit müssen die folgenden Bereiche abdecken:

- Authentifizierung und Autorisierung von Benutzern
- Integrität der Informationen
- Vertraulichkeit der Daten.

(vgl. GEIHS, 1995, S. 36)

Authentifizierung dient der Feststellung, wer einen bestimmten Dienst in Anspruch nehmen möchte. Nachdem dies geschehen ist, muß im Rahmen der Autorisierung die Berechtigung geprüft werden. Hierfür werden gewöhnlich Zugriffskontroll-Listen verwendet (vgl. DADAM, 1996, S. 303).

Sicherheitsdienste arbeiten auf der Basis von Datenverschlüsselungstechniken. Bei Verwendung des DES Standard (Data Encryption Standard) benutzen Sender und Empfänger den gleichen Schlüssel zur Ver- bzw. Entschlüsselung von Daten. Je größer die Anzahl der Bits die ein Schlüssel verwendet, desto schwieriger ist die Entschlüsselung zu bewerkstelligen. Der DES Standard arbeitet auf der Basis eines 56-bit Schlüssels, was als ausreichende Sicherheit für kommerzielle Anwendungen betrachtet wird (vgl. HALSALL, 1992, S. 592). Problematisch ist jedoch, daß Schlüssel vergleichsweise häufig geändert werden müssen. Ein anderer Schlüssel kann jedoch nicht ohne Sicherheitseinbußen über ein Netzwerk transportiert werden.

Eine Lösung dieses Problems stellt die Verwendung des RSA-Algorithmus dar. Es handelt sich hierbei um eine Kombination eines öffentlichen mit einem privaten Schlüssel (vgl. HALSALL, 1992, S. 596).

3.6.3 Namen und Verzeichnis

Namen bezeichnen verschiedene Objekte wie Programme, Benutzer, Dateien usw. Der Verzeichnisdienst hat die Aufgabe, die verschiedenen Namen von Ressourcen auf einer tieferen Abstraktionsstufe, d.h. Adressen, abzubilden. Da in einem großen verteilten System ein zentrales Verzeichnis einen Engpaß bezüglich der Performance darstellen würde, wird der Verzeichnisdienst selbst als verteilte Anwendung realisiert (vgl. GEIHS, 1995, S. 34 ff).

4   Integrierte Middlewarekonzepte

Die Bündelung verschiedener Middlewaredienste in einem Produkt ist auch mit dem Ziel verknüpft, über eine dominierende Marktposition bestimmte Standards zu etablieren. Besonders für Client/Server-Systeme, die eine Vielzahl an Komponenten unterschiedlicher Hersteller beinhalten, sind Standards von großer Bedeutung. Die im DV-Bereich verwendeten Standards lassen sich folgendermaßen klassifizieren:

- Industriestandards (z.B. TCP/IP)
- Offizielle Standards (z.B. ISO-Standards)
- Standards der Non-Profit-Organnisation X/Open
- Standards marktorientierter Gruppen (z.B. OSF, OMG)

(vgl. BUCK-EMDEN und GALIMOW, 1996, S. 107)

Zur letztgenannten Gruppe gehört das Konzept des Distributed Computing Environment (DCE).

4.1   Ein Standardisierungskonzept der Open Software Foundation (OSF)

Das Distributed Computing Environment (DCE) der Open Software Foundation (OSF), einer Vereinigung von Hard- und Softwareherstellern, stellt eine integrierte Menge von Middlewarediensten dar (vgl. BERNSTEIN, 1996, S. 97).

Das Ziel der OSF war, eine herstellerneutrale Infrastruktur für verteilte Anwendungen zu entwickeln. Auf Basis der durch die OSF vorgegebenen Anforderungen wurden in einer offenen Ausschreibung im Mai 1990 die Komponenten des DCE aus insgesamt 29 Softwareprodukten ausgewählt. (vgl. LAMERSDORF, 1994, S. 213). Eine besondere praktische Bedeutung erhält das DCE dadurch, daß es herstellerunabhängig einsetzbar ist und deshalb die Kommunikation und Datenverwaltung in heterogenen offenen Systemen ermöglicht (vgl. SCHILL, 1993, S. vi).

4.1.1 Komponenten des DCE

Zentrale Komponente des OSF DCE bildet der RPC, der von allen übrigen Komponenten als Kommunikationsdienst in Anspruch genommen wird. Dieser wiederum benutzt den DCE Thread Service. Die Schichtung (vgl. Abb. 9) schließt jedoch nicht den direkten Zugriff höherer Komponenten (z.B. Distributed File System) auf andere Komponenten aus (z.B. Threads). Insbesondere gilt das für Anwendungsprogramme, die generell auf alle Komponenten direkten oder indirekten Zugriff haben. Basis aller DCE-Komponenten bildet jeweils das lokale Betriebssystem eines Rechnerknotens sowie die hierauf verfügbaren Transportdienste (z.B. TCP/IP).

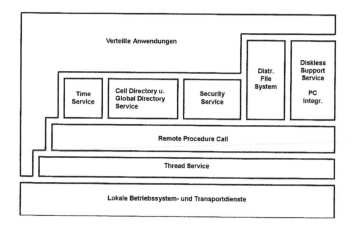

Abbildung 9 Architektur des OSF DCE (vgl. Schill, 1992, S. 11)

Die DCE-Dienste werden in Basisdienste und weitergehende Dienste unterschieden. Basisdienste sind:

- Threads
- RPC
- Cell Directory Service
- Security Service
- Distributed Time Service

Die weitergehenden Dienste bestehen aus:

- Global Directory Service
- Distributed File System
- Diskless Support
- PC-Integration

Die Unterscheidung ist dadurch motiviert, daß bei den Basisdiensten die Programmierschnittstelle und somit die Anwendungsprogrammierung im Vordergrund steht, während bei den Datenverwaltungsdiensten die Administrationsaufgaben den Schwerpunkt ausmachen.

Zellstruktur des DCE

Die DCE-Umgebung ist in sogenannte Zellen (Cells) eingeteilt. Zellen stellen organisatorische Einheiten dar und bestehen jeweils aus einer bestimmten Anzahl von Rechnerknoten. Die Zellenstruktur wird so gewählt, daß sie die organisatorische Struktur des Unternehmens wiederspiegelt. Hinter einer Zelle kann sich beispielsweise eine Abteilung oder Zweigstelle verbergen (vgl. GEIHS, 1995, S. 57).

Da jede Cell getrennt und weitgehend autonom verwaltet wird, wird hierdurch die Beherrschbarkeit großer Systeme gewährleistet.

Weitere Gründe für die Aufteilung in Cells:

- Bestimmte DCE-Dienste (z.B. die Namensverwaltung) lassen sich innerhalb einer Cell effizienter realisieren

- Die Anzahl der benötigten Interaktionspfade zwischen DCE-Komponenten auf unterschiedlichen Rechnern läßt sich reduzieren, indem oft nur eine oder wenige Komponenten für die Interaktion mit anderen Cells zuständig sind.

(vgl. SCHILL, 1993, S. 12)

4.1.2 Die Teilkomponenten des DCE

Thread Service

Auf die Wirkungsweise und Funktion von Threads wurde an anderer Stelle bereits eingegangen (vgl Abschnitt 3.5.4). Der DCE Thread Service bietet eine portable Implementierung dieser leichtgewichtigen Prozesse. Durch Threads wird eine flexible Programmierung nebenläufiger, quasi-paralleler Aktivitäten innerhalb eines Adreßraums erreicht. Die Kombination mehrerer Threads, von denen einer auf Benutzereingaben wartet, während die übrigen nebenläufig die angeforderten Aktivitäten ausführen, ermöglicht eine flexiblere Auftragsverwaltung. Falls einzelne Threads zusätzlich auch Aufträge an entfernte Rechner delegieren können (mittels RPC), ergibt sich außerdem eine kürzere Gesamtbearbeitungszeit.

Das DCE stellt Bibliotheksfunktionen zum Erzeugen, Löschen sowie zur Synchronisation von Threads bereit.

Entfernter Prozeduraufruf (RPC)

Der RPC ist der zentrale Kommunikationsmechanismus des DCE. Fernaufrufe von Prozeduren werden im Rahmen des Client/Server-Modells abgewickelt. Ein Server stellt eine Menge von Prozeduren in Form einer Schnittstelle zur Verfügung, diese wird auch potentiellen Clients bekannt gemacht. In der Regel befinden sich Clients und Server auf unterschiedlichen Rechnern. Der Ablauf eines RPC wurde an anderer Stelle bereits erläutert. Zentrale Eigenschaften des DCE RPC sind

- die Möglichkeit der Übergabe beliebiger Parameterstrukturen,
- die flexible Auswahl der RPC-Aufrufsemantik durch Attribute,
- die Möglichkeit synchroner und asynchroner Aufrufe,
- die Unterstützung von Rückrufen vom Server zum Client,
- die Möglichkeit der Nutzung spezieller Transfermechanismen für Massendaten,
- die Unterstützung (mittels Security Service) authentisierter, autorisierter und verschlüsselter Aufrufe zur Gewährleistung von Sicherheitsaspekten.

(vgl. SCHILL, 1993, S. 16)

Directory Service

Der Verzeichnisdienst (Directory Service) hat die Aufgabe, logische Namen auf Adressen abzubilden. Namen werden für beliebige Ressourcen vergeben, z.b. für Server, Dateien oder Endbenutzer.

Cell Directory Service

In der Zelle ist der Cell Directory Service (CDS) für die Verwaltung der Namen zuständig. Er ist für die Zugriffe innerhalb einer Zelle - die den überwiegenden Anteil ausmachen – optimiert. Die Verfügbarkeit des CDS läßt sich durch Replikationstechniken erhöhen, indem Namenstabellen bei mehreren Servern innerhalb einer Zelle gespeichert werden und bei einzelnen Rechnerzugriffen zumindest für Lesezugriffe verfügbar bleiben, was eine Steigerung der Zugriffsgeschwindigkeit und der Zuverlässigkeit bedeutet (vgl. GEIHS, 1995, S. 57).

Global Directory Service

Der globale Verzeichnisdienst ist für den zellübergreifenden   Zugriff auf Ressourcen zuständig. Er verwaltet somit die Namen der Zellen und stellt das Bindeglied zwischen verschiedenen CDS dar. Der GDS wird ebenfalls durch mehrere Server implementiert, wobei wie schon beim CDS Replikationstechniken zur Erhöhung der Verfügbarkeit und Caching-Mechanismen zur Effizienzsteigerung eingesetzt werden (vgl. SCHILL, 1993, S. 19 ff.).

Als größter Nachteil von DCE gilt dessen Komplexität (vgl. MURER, 1996, S 207). Deshalb lohnt sich sein Einsatz nur für entsprechend dimensionierte Großinstallationen. Aus diesem Grund spielen für praktische Erwägungen andere Technologien eine wichtigere Rolle.

4.2 Standardisierung auf Basis der Objektorientierung

4.2.1 Merkmale der Objektorientierung

Kennzeichnend für Client/Server-Anwendungen ist daß sie auf der Implementierung von Diensten durch spezielle Softwaremodule basieren. Die Clients können diese Dienste über definierte Schnittstellen abrufen. Objektorientierte Verfahren stellen eine Weiterentwicklung dieses Ansatzes dar. Sie sind charakterisiert durch

- die konsequente Isolierung von Daten und deren Verarbeitungsmethoden innerhalb spezieller Softwaremodule sowie
- den Nachrichtenaustausch zwischen den Modulen über eindeutig definierte Schnittstellen.

In objektorientierten Ansätzen werden Objekte der realen Welt auf programminterne Softwareobjekte abgebildet. Diese verfügen über Daten, die ausschließlich ihnen zugänglich sind (Attribute) sowie über Methoden zur Manipulation dieser Daten. Die Kommunikation zwischen Objekten wird ausschließlich über einen Nachrichtenaustausch (Messaging) realisiert. Hierfür besitzt jedes Objekt eindeutig definierte Schnittstellen (interfaces). Bei Nutzung bestimmter Technologien wie CORBA (Common Object Request Broker Architecture) ist die Kommunikation auch über Rechnergrenzen hinweg möglich (vgl. BUCK-EMDEN und GALIMOW, 1996, S. 95).

4.2.2 CORBA

Ein Standardisierungsvorhaben für die Systemintegration auf der Grundlage objektbasierter Technologie stellt CORBA dar (vgl. BUCK-EMDEN und GALIMOW, 1996, S. 99).

Diese Architektur wurde von der OMG (Open Management Group), einer als Non-Profit-Organisation gegründeten Herstellervereinigung, zusammen mit X/Open im Jahre 1992 definiert. Das vorrangige Ziel der OMG ist die Entwicklung eines Architekturstandards zur Unterstützung der Integration verteilter Anwendungen. Im Vordergrund stehen hierbei drei Anforderungen, die ein derartiger Standard erfüllen muß:

- Wiederverwendbarkeit

- Portabilität

- Interoperabilität

Hierdurch soll eine bausteinartige Zusammensetzung von Anwendungen ermöglicht werden. Die einzelnen Bausteine rufen sich gegenseitig auf, was über eindeutig festgelegte Schnittstellen geschieht. Die CORBA liefert die dazu notwendige Infrastruktur. Der Schwerpunkt liegt auf der Integration von Anwendungen, welche in einer verteilten heterogenen Umgebung ablaufen (vgl. GEIHS, 1995, S. 71 ff.).

Die Object Management Architecture (OMA) gibt die Rahmenbedingungen für die Aktivitäten der OMG vor. Diese Architektur besteht aus vier grundsätzlichen Komponenten:

- Application Objects
  Sie bilden das eigentliche Ziel der OMA und sollen portabel, interoperabel und wiederverwendbar sein

- Object Request Broker (ORB)
  Er bildet die Kernkomponente. Der ORB übernimmt Vermittlungsfunktionen zwischen den verteilten Objekten und sorgt dafür,
  - daß Methodenaufrufe zum passenden Zielobjekt gelangen,
  - daß dieses gegebenenfalls aktiviert wird, um den Aufruf auszuführen und
  - daß die Ergebnisse zum Aufrufenden zurückgelangen.

- Object Services
  Zu den Objektdiensten gehören Basisfunktionen wie Sicherheit, Ereignisbehandlung, Abrechnung, persistente Speicherung u.a. Sie unterstützen die Abwicklung der verteilten Objektinteraktionen und bilden zusammen mit dem ORB die eigentliche CORBA-Middleware (vgl. RIEHM und VOGLER, 1996, S. 94).

- Common Facilities

Hierunter sind von vielen Applikationen benötigte Objekte zusammengefaßt. Als Beispiele sind vorgefertigte Objekte für das Drucken oder für die Fehlerbehandlung zu nennen.

(vgl. GEIHS, 1995, S.72 ff.)

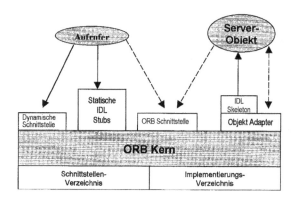

Abbildung 10 Die CORBA-Übersicht (vgl. GEIHS, 1995, S. 75)

Die Common Object Broker Architecture (CORBA) legt Aufbau, Funktionalität und Schnittstellen eines ORB fest. Die Spezifikation wurde analog zu OSF DCE nach einer offenen Ausschreibung aus den Herstellerangeboten ausgewählt (vgl. GEIHS, 1993, S. 19). Der Schwerpunkt liegt hierbei auf den Schnittstellen, die ein ORB beinhaltet. Zum einen sind es reine Aufrufschnittstellen, zum andern handelt es sich um Schnittstellen, über welche Clients und Server Zugang zu Infrastrukturfunktionen des ORB finden. Die Aufrufschnittstellen werden durch eine CORBA-spezifische IDL beschrieben. Sie unterstützt Vererbung zwischen den Schnittstellen, d.h. eine neue Schnittstellenbeschreibung kann aus einer alten abgeleitet werden.

Der ORB stellt zwei Arten von Schnittstellen für den Client/Server-Operationsaufruf zur Verfügung:

- statische Schnittstellen

  Analog zum RPC wird vor Ausführung des Client-Programms ein Client-Stub aus der Schnittstellenbeschreibung erzeugt und statisch zum Client-Programm gebunden.

- dynamische Schnittstellen

  Aufrufe können dynamisch abgesetzt werden. Der Client übergibt einen Aufruf für eine bestimmte Serverschnittstelle an den ORB. Der Client spezifiziert in diesem Auftrag die Objektreferenz des Aufgerufenen, die aufzurufende Operation sowie die Parameter. Die dynamische Schnittstelle ist in der CORBA-Spezifikation eindeutig bestimmt (vgl. GEIHS, 1995, S. 74 ff.).

Ein Aufruf gelangt über den Objektadapter (Object Adapter) und das IDL-Skeleton (vergleichbar mit dem Server-Stub des RPC) zum Server-Objekt. Der Objektadapter stellt das Bindeglied zwischen ORB und einem Server-Objekt dar und wird von beiden Seiten für nicht-anwendungsspezifische Interaktionen benutzt. Der ORB kann ein Server-Objekt beispielsweise starten, falls es inaktiv war oder das Server-Objekt kann Authentisierungsinformationen zu einem Client-Auftrag vom ORB erfragen.

Je nach Anwendungsklasse können verschiedene Objektadapter existieren. Die OMG hat einen Basic Object Adapter vorgeschlagen, welcher eine Grundfunktionalität beinhaltet, die für eine Vielzahl von Applikationen ausreicht.

Client- und Server-Objekte können auch direkt mit dem ORB über die festgelegte ORB-Schnittstelle kommunizieren, um allgemeine Dienste nachzufragen, die nicht unmittelbar mit der Erbringung eines Services verbunden sind.

Das Implementation Repository bietet Unterstützung im Umgang mit Server-Objekt-Implementationen. Hierin können beispielsweise Umgebungsdaten gespeichert sein, deren Kenntnis für eine bestimmte Implementation von Bedeutung ist. Zu denken ist hierbei an den Namen und den Ort einer Datei, in welcher der ausführbare Code des Objektes steht.

Im Interface Repository sind dagegen IDL-Beschreibungen und Informationen zu Server-Schnittstellen gespeichert. Es unterstützt Hinzufügen, Suchen und Auffinden von Schnittstellen während der Laufzeit sowie die Typüberwachung der Parameter bei dynamischen Methodenaufrufen. Die CORBA-Spezifikation bezieht jedoch nur die Grundelemente des Repositories (Struktur, Schnittstelle, Typcodes usw.) mit ein (vgl. GEIHS, 1995, S. 76 ff.).

4.3 Konzepte einzelner Hersteller

Die Bedeutung der Objekttechnologie für eine gesteigerte Effizienz und Zuverlässigkeit im Softwareentwicklungsprozeß wird vielfach hervorgehoben (vgl. ORFALI et al., 1996, S. 15 ff.). Am Markt gibt es eine Reihe unterschiedlicher Produkte, welche auf Basis der CORBA-Spezifikation entwickelt wurden. Hierbei unterscheidet man zwei Ansätze:

- verteiltes objektorientiertes Programmieren und
- die Integration von Anwendungsobjekten in sogenannten Verbunddokumenten (Compound Documents)

Die erste Methode ermöglicht die Verteilung objektorientierter Programme über ein heterogenes Rechnernetz. Die Struktur und Funktionen der eingesetzten Middleware sowie die Schnittstellenbeschreibungssprache gehen einher mit den CORBA-Richtlinien. Als Produktbeispiele können IBM SOM/DSOM, DEC Object Broker, HP ORBplus und andere genannt werden.

Der zweite Ansatz verfolgt das eigentliche Ziel der CORBA, nämlich die Integration von Anwendungskomponenten. Der Begriff „Dokument" wird hierbei sehr weit gefaßt. Ein Dokument enthält eine Menge von Objekten. Naheliegender Bestandteil sind Textobjekte, es können jedoch auch Kalkulationstabellen oder Grafiken damit gemeint sein. Eine Beispiel für eine solche Verbunddokumentarchitektur stellt OpenDoc dar (vgl. GEIHS, 1995, S. 77 ff).

OpenDoc/Som

Dieses Konzept einer Verbunddokumentarchitektur wurde von IBM, Apple und anderen entwickelt mit dem Bestreben, einen plattformunabhängigen Standard zu etablieren. Merkmale von OpenDoc sind:

- Compound-Document-Konzept
- Drag-and-Drop-Unterstützung
- In-Place-Bearbeitung
- Netzwerkfähigkeit

Die Grundlage für OpenDoc bildet das SOM/DSOM-Modell (System Object Model/ Distributed SOM) der IBM. SOM stellt eine Methode zur programmiersprachenunabhängigen Bildung von Klassenbibliotheken sowie eine zugehörige Laufzeitumgebung zur Verfügung. DSOM beinhaltet alle SOM-Klassen, die den Aufruf von SOM-Objekten in fremden Adreßräumen ermöglichen. Die DSOM-Klassenbibliothek erfüllt die CORBA-Richtlinien der Object Management Group (OMG).

Im Gegensatz zum konkurrierenden OLE/COM-Ansatz von Microsoft erlaubt SOM/DSOM die Vererbung, Kapselung und Polymorphismus und entspricht somit in stärkerem Maße den Merkmalen der Objektorientierung (vgl. BUCK-EMDEN und GALIMOW, 1996, S. 101 ff.).

OLE/COM

OLE (Object Linking and Embedding) ist eine Entwicklung von Microsoft und dient der Konstruktion von Dokumenten und Anwendungen aus wiederverwendbaren Komponenten. Die Grundlage für OLE bildet das Microsoft-Modell COM (Component Object Model), welches die Funktion eines ORB übernimmt.

Grundprinzip des COM ist die programmiersprachenunabhängige Spezifikation von wiederverwendbaren Objekten durch die Definition ihrer Schnittstellen (vgl. BUCK-EMDEN und GALIMOW, 1996, S. 100). COM spezifiziert Schnittstellen zwischen Komponentenobjekten (Component Objects) innerhalb einer einzigen Applikation oder zwischen mehreren. Es erfolgt hierbei eine Trennung der Schnittstellen von der Implementation, was im CORBA-Standard ebenfalls der Fall ist.

Im Unterschied zu CORBA bietet COM nur lokale RPC-Facilities an. Es handelt sich um einen sogenannten „leichtgewichtigen" RPC, der keine entfernten Methodenaufrufe oder verteilte Objekte unterstützt. Ferner kann eine COM-Komponente zwar multiple Schnittstellen unterstützen, im Gegensatz zu CORBA gibt es jedoch keine Vererbung. Da das Vorhandensein eines Vererbungsmechanismus jedoch ein zentrales Merkmal der Objektorientierung darstellt (vgl. SIMS, 1994, S. 275) wird hierdurch deutlich, daß OLE/COM in weit geringerem Maße objektorientiert ist.

COM nutzt die multiplen Schnittstellenmöglichkeiten, um die Wiederverwendung durch Aggregation zu gewährleisten. Hierbei stehen diejenigen Komponenten im Mittelpunkt, welche die Dienste anderer Komponenten einkapseln. Ein Client ruft z.B. die einkapselnde Komponente auf, welche im Gegenzug die enthaltene Komponente aufruft bzw. direkt mit dem Client in Verbindung bringt. Eine Art von „Vererbung" wird erreicht, indem ein Netz von Zeigern verschiedene Schnittstellen miteinander verbindet bzw. aggregiert (vgl. ORFALI, 1996, S. 289).

Die folgende Abbildung zeigt die Bestandteile des OLE/COM-Modells:

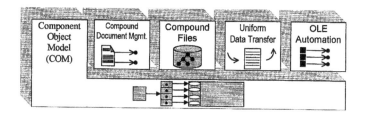

Abbildung 11 Die Komponenten des OLE/COM-Modells (vgl. ORFALI et al.

1996, S. 288)

4.4   Transaktionsmonitore

Transaktionsmonitore sind spezielle Systemkomponenten zur Unterstützung des Zugriffs von sehr vielen Endbenutzern auf zentrale Datenspeicher und Anwendungsprogramme. Sie ermöglichen den Anwendungsprogrammen die Unabhängigkeit von vielfältigen, heterogenen Endsystemen. Hierdurch ist eine unabhängige Entwicklung von Anwendungsprogrammen auf der Basis einheitlicher, abstrakter Endbenutzerschnittstellen gewährleistet (vgl. LAMERSDORF, 1994, S. 18).

Transaktionsmonitore stellen eine Umgebung zur Verfügung, die sich zwischen Clients und Server schiebt. Auf diese Weise steuern sie Transaktionen, nehmen eine Lastverteilung auf verschiedene Netzknoten vor und starten sie im Fehlerfalle gegebenenfalls neu (vgl. ORFALI, 1996, S. 10).

Heutige Transaktionsmonitore werden auch oft als „Betriebssystem für Transaktionen" bezeichnet. Middleware dieser Art verwaltet, koordiniert und überwacht Transaktionen von Clients an mehrere Server. Aufgabe ist es, die ACID-Eigenschaften zu garantieren und gleichzeitig den Transaktionsdurchsatz zu optimieren. Vor allem eignen sie sich für die Aufgaben der

- Transaktionsverwaltung

- Prozeßverwaltung.

(vgl. TRESCH, 1996, S. 254)

Weitere Funktionen sind u.a.

- Kontrolle der Kommunikation zwischen Anwendungen und Endsystemen

- Verwaltung der Endsysteme

- Datenrepräsentation auf diesen

- Unterstützung von Transaktionswechseln auch während der Ausführung einzelner Transaktionen

Die eigentliche Aufgabe der Transaktionsmonitore bei der Transaktionsverarbeitung ist, die ACID-Eigenschaften von Transaktionen für alle Programme, die unter ihrer Kontrolle laufen, sicherzustellen, indem sie deren Ausführung, Verteilung und Synchronisation übernehmen. Die Anwendungsprogrammierer werden bei Verwendung von Transaktionsmonitoren entlastet, da sie sich nicht länger um die Koordination von Zugriffen oder die Fehlerbehandlung kümmern müssen (vgl. TRESCH, 1996, S. 255). Bildlich gesprochen, kann man die Rolle von Transaktionsmonitoren mit derjenigen eines Verkehrspolizisten vergleichen, der den Straßenverkehr zu regeln hat (vgl. RIGGS, 1995, S. 77).

Die Prozeßverwaltung dient vor allem der Entlastung des Betriebssystems. Durch die Beanspruchung einer Vielzahl von Clients besteht die Gefahr, daß das Betriebssystem eines Servers überlastet wird. Da jedoch die Clients nicht gleichzeitig die geforderten Ressourcen (in Form von Prozessen, Speicher usw.) benötigen, sorgen die Transaktionsmonitore für die erforderliche Entlastung. Sie stellen eine geringere Anzahl gemeinsam genutzter Verbindungen mit den Servern bereit, auf welche die eingehenden Transaktionen von einem Scheduler verteilt werden. Sie starten die Server-Prozesse, leiten Aufträge an diese weiter, überwachen deren Ausführung und balancieren die Auftragslast.

Transaktionsmonitore sind als Technologie im Zusammenhang mit Großrechnern schon relativ lange im Einsatz. In verteilten Systemen gewinnen sie heute zunehmend an Bedeutung, vor allem dort, wo eine unbedingte Transaktionssicherheit erforderlich ist (vgl. Abschnitt 5.3).

Produktbeispiele sind z.B. CICS von IBM oder der ENCINA-Transaktionsmonitor der Firma Transarc.

4.5 Entwicklungstendenzen

Abgesehen von der zunehmenden Bedeutung objektorientierter Ansätze gibt es zahlreiche weitere Einflüsse, die sich in der aktuellen Middleware-Technologie wiederspiegeln. Begriffe wie Internet- bzw. Web-Technologie oder Message-oriented Middleware tauchen im Zusammenhang hiermit auf.

4.5.1 Kommunikations-Middleware

Nachdem der Markt für Middlewareprodukte jahrelang von Datenbank-Middleware dominiert wurde, geht der Trend in jüngster Zeit verstärkt zu Kommunikationssoftware (Message-oriented Middleware). Vor allem die asynchrone Variante dieser Produktkategorie gewinnt zunehmend an Popularität. Dies hängt damit zusammen, daß der Benutzer sicher sein kann, daß eine Nachricht, die er übermittelt, auch übertragen wird (guaranteed delivery). Bei einem Systemausfall geht diese nicht verloren, im Gegensatz zur synchronen Form des Nachrichtenaustausches (vgl. SPINNER, 1996, S. 94 ff.).

MQ Series

Ein Produkt der genannten Kategorie, das auf einer asynchronen Kommunikationsform basiert, ist MQ Series, eine Entwicklung der IBM. Es funktioniert nach der einfachen Methode, bei der Nachrichten in Warteschlangen abgelegt (put) und daraus entnommen werden können (get). Warteschlangen (queues) stellen passive Ressourcen dar, die von sogenannten Queue-Managern verwaltet werden. Abhängig von der Größe des jeweiligen Netzwerkes können Nachrichten auch über mehrere Queues weitergegeben werden (Multihopping).

Der entscheidende Vorteil des Produktes liegt in der Garantie, daß jede Nachricht genau einmal übermittelt wird. Weniger geeignet ist MQ Series jedoch für die Abbildung synchroner Abfragen, welche einen Großteil aller Serviceanforderungen darstellen. Gradmesser hierfür bildet die Servicelatenz, d.h. die Zeit, welche zwischen dem Absenden einer Anfrage und der Ankunft der Antwort verstreicht. Nachteilig wirkt sich u.a. aus, daß eine Nachricht mehrfach weitergereicht wird, bevor sie ihren Bestimmungsort erreicht.

MQ Series kann für echt asynchrone Kommunikationsformen in einem statischen Netz mit wenigen Knoten für Applikationen, bei denen ein hoher Durchsatz wichtiger ist als kurze Latenzen, wirkungsvoll eingesetzt werden. Zu denken ist hierbei beispielsweise an das Scanningsystem für Zahlungsaufträge in einer Bank (vgl. MURER, 1996, S. 200 ff.) 1996/97 nahm MQ Series eine führende Stellung bei der Verbindung von Altsystemen – zumindest IBM-Großrechner - mit anderen Systemen, insbesondere dem World Wide Web, ein. Der zunehmende Bedarf nach elektronischem Handel einerseits und die heterogenen Strukturen von konventionellen Großrechnern und Web-Servern andererseits benötigen eine geeignete Schnittstelle (vgl. TUCKER, 1997, S. 92 ff.).

4.5.2   Der Einfluß von Internet-Technologien

Die Integration des Internet in die betrieblichen Aktivitäten stellt eine zusätzliche Herausforderung dar. Durch den Einsatz von Internet- und Intranet-Technologien ergibt sich ein anderes Client/Server-Modell. Es verbindet den Vorteil einer zentralen Speicherung und Wartung aus der Großrechnerwelt mit der Flexibilität der Client/Server-Applikationen. Hierbei kann nicht nur auf statische Informationen eines Web-Servers zugegriffen werden, vielmehr ist auch die Interaktion mit dem Anwender möglich. Dies geschieht dadurch, indem der Anwender über ein HTML-Dokument Daten zur Verarbeitung in der Applikation eingeben kann. Der Browser übergibt sie an den Web-Server, welcher die Daten wiederum an die Applikationslogik weiterleitet. Sie nimmt die eigentliche Verarbeitung vor und steuert gegebenenfalls den Zugriff auf ein Datenbanksystem. Die Integration von Applikationslogik und Datenbanksystemen geschieht durch konventionelle Mechanismen (z.B. ODBC). Nachteilig bei dieser Lösung sind die möglichen langen Wartezeiten für den jeweiligen Anwender (vgl. KAISER, VOGLER und ÖSTERLE, 1996, S. 149 ff.).

Neben den Diensten des World Wide Web stellt das Internet andere wie z.B. E-Mail, Telnet oder FTP zur Verfügung (vgl. SCHNEIDER, 1995, S. 269).

5   Middleware als Faktor im wirtschaftlichen Wettbewerb

Der Bedarf nach kommerziellen Middlewareprodukten hängt mit der Größe der zugrundeliegenden Client/Server-Architektur zusammen. Geht es allein darum, eine geringe Zahl von Clients und Servern miteinander zu verbinden, so kann die hierfür benötigte Software u. U. firmenintern günstiger hergestellt werden. Erst mit wachsender Systemgröße, wenn multiple Datenbank-Server und Gruppen von Clients mit unterschiedlichen Plattformen, verschiedenen Sprachen und Betriebssystemen verbunden werden müssen, läßt sich die benötigte Middleware in wirtschaftlich vertretbarer Weise unternehmensindividuell nicht mehr produzieren. An dieser Stelle setzen kommerzielle Produkte ein, welche die Integration aller Komponenten in mehrstufigen Client/Server-Konfigurationen ermöglichen.

5.1   Gründe für den wachsenden Bedarf nach Middlewareprodukten

Schätzungen zufolge beträgt das zukünftige Marktpotential für Middlewareprodukte im Jahr 2000 mehrere Milliarden US-Dollar (vgl. SPINNER, 1996, S. 94, so auch COFFEY, 1996, S. 52). Eine Reihe von Faktoren tragen zur wachsenden Nachfrage nach Produkten dieser Art bei:

- die wachsende Verbreitung von Client/Server-Applikationen
  Nach Angaben der Gartner Group standen Investitionen in die Client/Server-Anwendungsentwicklung 1996 bereits zum dritten Mal hintereinander an erster Stelle auf der Prioritätenliste von Unternehmen

- das Anwachsen des Internet
  Insbesondere der elektronische Handel über das World Wide Web schafft einen enormen Bedarf nach Middleware, um die Durchführung von finanziellen Transaktionen zu garantieren und Datenbank-Server mit Web-Servern zu verbinden.

- die Möglichkeit der verstärkten Nutzung von Entwicklungswerkzeugen
  Mit Produkten in Form von Entwicklungswerkzeugen, welche vermehrt am Markt erhältlich sind, lassen sich Entwicklungszeit und Wartungskosten erheblich verringern.

- die wachsende Verbreitung des Data Warehousing

Einen weiteren Faktor für die gestiegene Nachfrage nach kommerzieller Middleware stellt die Zunahme der Popularität des Data Warehousing (vgl. Abschnitt 3.2.4) dar. Im Zusammenhang mit der Datenmigration nutzt diese Technologie Middlewareprodukte, um Daten aus Altbeständen in relationale Data Warehouses zu überführen.

(vgl. FREEMAN, 1996, S. 119 ff.)

5.2 Die Bewertung und Auswahl von Middleware

Das Leistungsverhalten von Client/Server-Anwendungen wird durch die Qualität der verwendeten Middleware maßgeblich beeinflußt. Deshalb gehören ihre Funktionsmerkmale, neben denen der Anwendung selbst, zu den wichtigsten Kriterien bei der Beurteilung von Client/Server-Systemen (vgl. BUCK-EMDEN, 1996, S. 25). Schwierigkeiten bei der Bewertung ergeben sich allein durch die Vielzahl unterschiedlicher Produkte, die für unterschiedliche Problemlösungen konzipiert wurden (vgl. TRESCH, 1996, S. 256). Problematisch ist ebenfalls, daß die Entwicklung von Kriterien aus dem Blickwinkel von Entwicklern, Netzwerk- und Datenbankadministratoren jeweils unterschiedlich ausfällt. Eine Beteiligung all dieser Gruppierungen am Auswahlprozeß wäre somit das Gegebene. In der Praxis treffen jedoch oftmals die Entwickler die Auswahlentscheidung. Diese tendieren dazu, den Schwerpunkt auf das Kriterium der Applikationstransparenz zu legen. Es ist für sie in dem Maße erfüllt, wie die jeweilige standardisierte Schnittstelle ihre Anforderungen erfüllt. Wenngleich Applikationstransparenz ein wichtiges Kriterium darstellt, sollten andere ebenfalls Beachtung finden (vgl. GALL, 1997, S. 136):

- Netzwerk- und Datenbankperformance
- Handhabbarkeit
- Ressourcenverbrauch
- Zuverlässigkeit/Skalierbarkeit
- Grad der Standardisierung/Portabilität
- Interoperabilität
- Namens- und Sicherheitsdienste
- Bestandteile

Bei der Abwägung zwischen verschiedenen Kriterien sollte berücksichtigt werden, daß eine mangelnde Performance die eventuellen Vorteile anderer Kriterien schnell zunichte machen kann, denn eine unzureichende Performance kann unter Umständen alles zum Stillstand bringen (vgl. HACKATHORN und SCHLACK, 1994, S. 53).

Eine unterschiedliche Betrachtungsweise stellt die folgenden acht Vergleichskriterien in den Vordergrund (vgl. RIEHM und VOGLER, S. 245 ff.):

- Eignung für den Anwendungsfall, d.h. wie unterstützt das Produkt die Integration der betroffenen Applikationen gegenwärtig und auch zukünftig
- Kompatibilität mit der System- und Entwicklungsumgebung
- Erfüllung funktionaler Anforderungen, z.b. durch die Eigenschaften der Schnittstellen
- Performance und Verläßlichkeit
  Wichtigste Kennzahl für Performance ist die Antwortzeit, während Verläßlichkeit die Verfügbarkeit und das zeitliche Verhalten des Systems, um korrekte Antworten zu erbringen, mißt.
- Offenheit, d.h. ist Herstellerunabhängigkeit durch die Einhaltung von Standards bei der Schnittstellenspezifikation gegeben
- Skalierbarkeit
- Langfristigkeit der Lösung
- Kosten-/Nutzenüberlegungen
  Sie stellen eine grundsätzliche Betrachtung für den Einsatz von Middleware dar.

5.3   Auswirkungen des Einsatzes von Middleware

Der Einsatz von Middleware-Technologie ist in bestimmten Branchen von besonderer Bedeutung. Als Beispiele können Banken und Finanzgewerbe sowie das Versicherungswesen genannt werden. Charakteristisches Merkmal dieser Dienstleistungszweige stellt die Transaktionsintensität dar. Hierdurch bedingt, erhält die korrekte Durchführung von Transaktionen einen zentralen Stellenwert, zumal mit hohen Regreßforderungen durch Kunden gerechnet werden muß, falls dies nicht geschieht. Es muß unter allen Umständen sichergestellt sein, daß jede Transaktion

- durchgeführt wird,
- jedoch nicht mehr als einmal und
- im Fehlerfalle eine Meldung hierüber erfolgt.

(vgl. FREEMAN, 1996, S. 120)

Für die Gewährleistung einer übergreifenden Transaktionssicherheit zwischen Datenbank und Anwendung stellt ein Transaktionsmonitor die geeignete Lösung dar. Zwar ist Transaktionssicherheit innerhalb einer Datenbank heutzutage eine Selbstverständlichkeit, doch reicht dies allein nicht aus. Entscheidend ist vielmehr, daß eine Verbindung zwischen Datenbank und Anwendung hergestellt wird. Die Anwendung muß über die Abwicklung bzw. das Zurückrollen einer Transaktion Kenntnis erlangen, da in Ausfallsituationen keine Wiederanlaufinformationen für die PC-Anwendung zur Verfügung stehen (vgl. NUßDORFER, 1996, S. 68).

Auch im Gesundheitswesen spielt der Einsatz von Middleware eine wichtige Rolle. Der Informationstechnologie fällt hierbei eine Schlüsselrolle zu, da es von zentraler Bedeutung für medizinische Entscheidungen ist, alle relevanten Informationen über einen Patienten auswerten zu können, egal wo und in welcher Form sie gespeichert sind. Für derlei Zwecke gibt es zahlreiche Produkte, welche die benötigten Informationen mit Hilfe von Datenzugriffsmechanismen bereitstellen (vgl. O'DONNELL, 1996, S. 65).

Im Vergleich zu Produkten anderer Kategorien ist diese Art der Middleware kostengünstiger und leichter, d.h. unter wesentlich geringerem Zeitaufwand, zu implementieren.

6   Ausblick

Charakteristisch für Unternehmensstrukturen ist deren Veränderung (vgl. STRICKER, 1997, S.1). Wenn man diesen Grundsatz akzeptiert, dann gilt das ebenso für die Architekturen von Informationssystemen im allgemeinen, und erst recht für den Bereich Middleware im besonderen. Was heute als Middlewaredienst gilt, kann morgen integraler Bestandteil von Betriebssystemen sein und umgekehrt (vgl. ÖSTERLE, S. 19).

Insbesondere in komplexen, mehrstufigen Client/Server-Architekturen wie der 3-Ebenen-Architektur bedeutet der Einsatz von Middlewareprodukten die Reduktion von Komplexität in heterogenen Umgebungen. Sie bieten nur noch eine Schnittstelle, die darüber hinaus erforderliche Kommunikation wird intern abgedeckt, einschließlich der benötigten Zugriffe auf Großrechner. Die Heterogenität der Applikationslandschaften läßt sich durch den Einsatz von Middleware-Technologie kompensieren.

In Bezug auf objektorientierte Technologien kann in absehbarer Zeit nicht damit gerechnet werden, daß sich OLE oder der CORBA-Standard als führende Lösung durchsetzt, vielmehr wird es ein Miteinander beider Technologien auf längere Sicht geben. Unter technischen Gesichtspunkten betrachtet, mag man der CORBA-Architektur sicherlich den Vorzug geben, da sie ausgereifter ist und einige Vorteile bietet, welche die Microsoft-Lösung vermissen läßt, z.B. die Vererbung. Hinzu kommt, daß CORBA eben nicht einseitig auf die Bedürfnisse eines einzigen Unternehmens zugeschnitten ist. Die Spezifikation wird durch eine Reihe hochqualifizierter Objekttechnologiespezialisten erstellt, die, führend auf ihrem Gebiet, diese ständig weiterentwickeln. Die Kompliziertheit der Materie, nämlich der Entwurf einer Infrastruktur für heterogene verteilte Komponenten, macht den Einsatz kollektiven Know-hows in der geschilderten Größenordnung erforderlich (vgl. auch ORFALI et al., 1996, S. xiii).

Ein weiteres Plus für CORBA bedeutet die Unterstützung des asynchronen Messaging in der neuen CORBA 3 Spezifikation. CORBA 3 unterstützt asynchrone Message-queuing-Protokolle als Teil der Basis-Kommunikationsschnittstellen, so daß den Methoden Nachrichten für eine spätere Ausführung übermittelt werden können (vgl. BOWEN, 1998, S. 31 ff.). Die Bedeutung dieses Schrittes liegt darin, daß hierdurch erstmals ein Standard für Kommunikations-Middleware geschaffen wird. Für die CORBA-orientierten Hersteller wie IBM, Oracle, Netscape und Sun ergibt das einen strategischen Vorteil im Kampf um Marktanteile gegenüber der mächtigen Microsoft-Konkurrenz.

Eine andere Fragestellung, die sich angesichts der allgemeinen Tendenz zu einer größeren Durchlässigkeit von Informationssystemen anbietet, ist, inwieweit Middlewareprodukte im Einklang hiermit in einem größeren Ausmaß standardisiert werden können. Bislang dienen verschiedene Arten von Middleware der Lösung von unterschiedlichen Problemen. Die Entwicklung eines multifunktionalen, universellen „Supertools" wird bislang in der Literatur für unwahrscheinlich gehalten (vgl. TRESCH, 1996, S. 256). Da jedoch die Heterogenität der Systeme eine einzukalkulierende Konstante darstellt, bietet sich die Middlewareebene meines Erachtens für eine Vereinheitlichung an. Die Entwicklung multifunktionaler Produkte in diesem Bereich könnte den Schlüssel für zukünftige Systemarchitekuren liefern.

In diesem Sinne wäre die Rolle von Middleware dann tatsächlich die eines „Enablers" der Integration heterogener Welten.

Abbildungsverzeichnis

Literaturverzeichnis

BAUKNECHT, K. u. C. A. ZEHNDER: Grundzüge der Datenverarbeitung. Teubner, Stuttgart, 1989.

BAUER, M., COBURN, N., ERICKSON, D., FINNIGAN, J., HONG, J., LARSON, P., PACHL, J., SLONIM, J., TAYLOR, D., TEOREY, T.. A distributed system architecture for a distributed Application environment. In: IBM Systems Journal, Jg. 33, Nr. 3, 1994 S. 399-425.

BERNSTEIN, P.: Middleware: A Model for Distributed System Services. In: Communications The ACM, Jg. 39, Nr. 2, Februar 1996, S. 86-98.

BOWEN, T.: Vendors queue-up messaging. In: Info World, Vol. 20, Nr. 8, 1998.

BUCK-EMDEN, R. und J. GALIMOW: Die Client/Server-Technologie des SAP-Systems R/3. Addison-Wesley, Bonn 1996.

COFFEY, B.: Middleware makes it´s marks. In: Wall Street & Technology, Vol. 15, Nr. 4, 1997, S. 52-54.

DADAM, P.: Verteilte Datenbanken und Client/Server-Systeme, Grundlagen, Konzepte, Realisierungsformen. Springer, Berlin et al. 1996.

DERUNGS, M.: Vom Geschäftsprozeß zum Workflow. In: Österle, H. u. P. Vogler (Hrsg), Praxis des Workflow-Managements. Vieweg, Braunschweig, 1996.

DOLGICER, M.: Messaging Middleware: The next generation. In: Data Communications, 1994, S. 77-84.

ELBERT, B. und B. MARTYNA: Client/Server Computing: Architecture, Applications and Distributed Systems Management. Artech House, Norwood MA, 1994.

FRANCETT, B.: Middleware on the march. In: Software Magazine, Vol. 14, Nr. 4, 1996, S. 71-79.

FREEMAN, E.: Middleware: Link everything to anything. In: Software Magazine, Vol. 42, Nr. 16, S. 119-124.

GALL, N.: Help wanted: Middleware mechanics. In: Network Computing, May 1, 1997, S. 135-136.

GEIHS, K.: Infrastrukturen für heterogene verteilte Systeme. In: Informatik-Spektrum, Nr. 16, 1993, S. 11-23.

GEIHS, K.: Client/Server-Systeme: Grundlagen und Architekturen. International Thomson Publishing, 1995.

GUTERL, F.: Mainframes are breaking out of the glasshouse. In: Datamation, Vol. 41, Nr. 10, S. 34-38.

HACKATHORN, R. u. M. SCHLACK: How to pick Client/Server Middleware. In: Datamation, Vol. 40, Nr. 14, 1994, S. 52-56.

HALSALL, F.: Data communications, computer networks, and open systems. Addison-Wesley, Wokingham et al., 1992

HANNIG, U.: Königswg zur Information. In: Business Computing, Nr. 4, 1996, S. 42-44.

HARMS, U.: Hauptsache skalierbar. In: Business Computing, Nr. 4, 1996, S. 38-40.

HEGERING, H. u. S. ABECK: Integriertes Netz- und Systemmanagement. Addison-Wesley, Bonn et al., 1993.

HEGERING, H., NEUMAIR, B. u. M. GUTSCHMIDT: Architekturen und Konzepte für ein Integriertes Management von verteilten Systemen. In: Informatik-Spektrum Nr. 18, 1995, S. 272-280.

HERRTWICH, R. und G. HOMMEL: Kooperation und Konkurrenz: nebenläufige, verteilte und Echtzeitabhängige Programmsysteme. Springer, Berlin et al. 1989.

HOROBIN, P. u. R. ANNUSCHEIT: So werden „Altlasten" zu einem Neuanfang. In: Client Server Computing, Nr. 10, 1996, S. 69-75.

JABLONSKI, S.: Workflow-Management-Systeme. In: Informatik-Spektrum, Jg. 18, Nr. 1, 1995, S. 13-24.

KAISER, T., VOGLER, P. u. H. ÖSTERLE: Middleware der Zukunft: Internet und Intranet-Techno-logien. In: Österle, H., Riehm, R. u. P. Vogler (Hrsg), Middleware – Grundlagen, Produkte und Anwendungsbeispiele für die Integration heterogener Welten. Vieweg, Braunschweig/Wiesbaden, 1996.

KING, J.: Client/Server usage on the rise. In: Computer world, Vol. 30, Nr. 31, 1996, S. 16.

LAMERSDORF, W.: Datenbanken in verteilten Systemen: Konzepte, Lösungen, Standards. Vieweg, Wiesbaden, 1994.

LINNHOFF-POPIEN, C., SCHÜRMANN, G. u. K. Weiß: Verteilte Verarbeitung in offenen Systemen Teubner, Stuttgart, 1996.

MARTIN, J. u. J. LEBEN: Client/Server Databases Enterprise Computing. Prentice-Hall, Upper Saddle River NJ, 1995.

MANHART, M.: Evaluation eines Workflow-Systems. In: Österle, H.. u. P. Vogler (Hrsg),
Praxis des Workflow-Managements. Vieweg, Braunschweig, 1996.

MEIER, A.: Ziele und Aufgaben im Datenmanagement aus der Sicht des Praktikers. In:
Wirtschaftinformatik, Jg. 36, Nr. 5, 1994, S. 455-464.

MELEWSKI, D.: Scaling new heights with Middleware. In: Application Development Trends,
February 1997, S. 57-66.

MERTENS, P. (Hrsg.), BACK, A. (Hrsg.), BECKER, J. (Hrsg.), KÖNIG, W. (Hrsg.), KRALLMANN,
H. (Hrsg.), RIEGER, B. (Hrsg.), SCHEER, A.-W., (Hrsg.), SEIBT, D. (Hrsg.), STAHLKNECHT, P.
(Hrsg.), STRUNZ, H. (Hrsg.),THOME, R. (Hrsg.) u. H. WEDEKIND :Lexikon der
Witschaftsinformatik Springer, Berlin et al. , 1997.

MÜHLHÄUSER, M. u. A. SCHILL: Software Engineering für verteilte Anwendungen. Springer,
Berlin et al. 1992.

MURER, S.: Von den gemeinsamen Datenbanken zur Servicearchitektur. In: OSTERLE, H.,
RIEHM, R. u. P. VOGLER, Middleware – Grundlagen, Produkte und
Anwendungsbeispiele für die Integration heterogener Welten, Vieweg,
Braunschweig/Wiesbaden 1996.

NEUBURGER, R.: Electronic Data Interchange, Einsatzmöglichkeiten und ökonomische
Auswirkungen. Gabler, Wiesbaden, 1994.

NUßDORFER, R.: Integration mangelhaft. In: Business Computing, Nr. 4, 1996, S. 68-70

O'DONNELL, D.: Can Microsoft make it in a mission-critical world? In: Software Magazine,
Vol. 17, Nr. 8, 1997, S. 56-63.

ORFALI, R., HARKEY, D. u. J. EDWARDS: The Essential Distributed Objects Survival Guide.
Wiley, New York et al., 1992.

ÖSTERLE, H.: Business Engineering, Prozeß und Systementwicklung, Band 1, Entwurfstech-
niken. Springer, Berlin et al., 1995.

ÖSTERLE, H. u. P. VOGLER: Praxis des Workflow-Managements. Vieweg, Braunschweig et
al., 1996.

OUELLETTE, T.: The big boys target middleware market. In: Computer world, Vol. 31, Nr. 27,
1997, S. 32.

PICOT, A., REICHWALD, R. U. R. WIGAND: Die grenzenlose Unternehmung, Information,
Organisation, Management. Gabler, Wiesbaden, 1996.

RAUTENSTRAUCH, C.: Integration Engineering , Konzeption, Entwicklung und Einsatz
Integrierter Softwearesysteme. Addison-Wesley, Bonn et al. 1993.

RIEHM, R. u. P. VOGLER: Middleware: Infrastruktur für die Integration. In: Österle, H., Riehm, R. u. P. Vogler (Hrsg.), Middleware – Grundlagen, Produkte, Anwendungsbeispiele für die Integration heterogener Welten. Vieweg Braunschweig/Wiesbaden, 1996, S. 27-135.

RIGGS, B.: Directing traffic: TP monitors accept new assignment. In: Software Magazine, Vol. 15, Nr. 5, 1995, S. 77-81.

RYMER, J.: The Muddle in the Middle. In: Byte, April 1996, S. 67-70.

SCHMITT, H.-J.: Client-Server Architekturen: Architekturmodelle für eine neue informationstechnische Infrastruktur. Frankfurt am Main et al., 1993.

SCHNEIDER, G.: Eine Einführung in das Internet. In: Informatik-Spektrum Nr. 18, 1995, S. 263-271.

SIMS, O.: Business Objects: Delivering Cooperative Objects for Client-Server. IBM McGraw-Hill Series, Maidenhead, 1994.

SPINNER, K.: The Middleware Explosion. In: Wall Street & Technology, Vol. 15, Nr. 7, 1997, S. 94-97.

TOIGO, J.: Surf's up for Middleware Var's. In: Reseller Management, 1. November 1997, Vol. 20, Nr. 12, S. 104.

TRESCH, M.: Middleware: Schlüsseltechnologie zur Entwicklung verteilter Informations-Systeme. In: Informatik-Spektrum 19, 1996, S. 249-256.

TUCKER, M. J.: Lords of the jungle. In: Datamation, Vol. 43, Nr. 9, 1997, S. 70-75.

TUCKER, M. J.: Unmask it's power. In: Datamation, Vol. 43, Nr. 10, 1997, S. 92-97.

UMAR, A.: Distributed Computing and Client/Server Systems. Prentice Hall, Englewood Cliffs, NJ, 1993.

VOGLER, P.: Chancen und Risiken von Workflow-Management. In: ÖSTERLE,H. u. P. VOGLER (Hrsg), Praxis des Workflow-Managements, Vieweg, Braunschweig et al., 1996.

WÄCHTER, H.: Fehlertolerantes Workflow-Management: eine Architektur für die zuverlässige Ausführung verteilter Geschäftsprozesse. Diss., Verlag Dr. Kovac, Hamburg, 1996.

WENZEL, I.: Dokumentenmanagement: Sparstrumpf Archiv. In: Business Computing, Nr. 2, 1996, S. 63-65.

Diplom.de

Die Diplomarbeiten Agentur vermarktet seit 1997 erfolgreich
Wirtschaftsstudien, Diplomarbeiten, Magisterarbeiten, Dissertationen
und andere Studienabschlußarbeiten aller Fachbereiche und Hochschulen.

Seriosität, Professionalität und Exklusivität prägen unsere Leistungen:

- Kostenlose Aufnahme der Arbeiten in unser Lieferprogramm
- Faire Beteiligung an den Verkaufserlösen
- Autorinnen und Autoren können den Verkaufspreis selber festlegen
- Effizientes Marketing über viele Distributionskanäle
- Präsenz im Internet unter **http://www.diplom.de**
- Umfangreiches Angebot von mehreren tausend Arbeiten
- Großer Bekanntheitsgrad durch Fernsehen, Hörfunk und Printmedien

Setzen Sie sich mit uns in Verbindung:

Diplomica GmbH
Hermannstal 119k
22119 Hamburg

Fon: 040 / 655 99 20
Fax: 040 / 655 99 222

agentur@diplom.de
www.diplom.de

Diplom.de

- **Online-Katalog**
  mit mehreren tausend Studien

- **Online-Suchmaschine**
  für die individuelle Recherche

- **Online-Inhaltsangaben**
  zu jeder Studie kostenlos einsehbar

- **Online-Bestellfunktion**
  damit keine Zeit verloren geht

**Wissensquellen
gewinnbringend nutzen.**

**Wettbewerbsvorteile
kostengünstig verschaffen.**